中国融资租赁丛书

丛书主编：陈宗胜　柯卡生

融资租赁实务百问

陈宗胜　范昕墨　编著

天津出版传媒集团

天津人民出版社

图书在版编目(CIP)数据

融资租赁实务百问 / 陈宗胜, 范昕墨编著. -- 天津: 天津人民出版社, 2017.1
(中国融资租赁丛书)
ISBN 978-7-201-08599-9

Ⅰ. ①融… Ⅱ. ①陈… ②范… Ⅲ. ①融资租赁–中国–问题解答 Ⅳ. ①F832.49-44

中国版本图书馆 CIP 数据核字(2014)第 005372 号

融资租赁实务百问
RONGZIZULINSHIWUBAIWEN
陈宗胜, 范昕墨编 著

出　版	天津人民出版社	
出版人	黄　沛	
地　址	天津市和平区西康路 35 号康岳大厦	
邮政编码	300051	
邮购电话	(022)23332469	
网　址	http://www.tjrmcbs.com	
电子信箱	tjrmcbs@126.com	

责任编辑　沈会祥

印　刷	天津新华二印刷有限公司	
经　销	新华书店	
开　本	787×1092 毫米　1/16	
印　张	15.5	
字　数	200 千字	
版次印次	2017 年 1 月第 1 版 2017 年 1 月第 1 次印刷	
定　价	48.00 元	

中国融资租赁丛书编委会

中国融资租赁丛书序

　　前些年,在经历美国金融衍生品过度泛滥而引致的全球金融危机,以及继发的欧洲主权债务持续性引致的深度危机的冲击后,全球金融市场特别是欧美发达市场,已经没有多少可以独善其身的净土了。在痛定思痛之后,欧美各国政府和咨询智囊纷纷在加强金融监管、控制过度金融衍生、增加金融透明度等方面,制定政策规定,并加强实施力度,甚至不得不在调整社会福利制度、改变经济发展模式等方面作出痛苦的抉择。

　　然而,中国作为世界第二大经济体,在面对比过去发生的规模更大、形式更复杂并且程度更激烈的全球金融混乱时,中国金融业依然大致稳定有序,基本能够安然应付。这种情况当然同前些年中国金融改革创新的不懈努力及大规模规范调整取得的成绩紧密相关。首先,中国持续推进金融市场对外开放,同时对资本项下许多细项仍然实行谨慎管制,从根本上避免了国际游资对中国金融体系的冲击;其次,中国在金融衍生品的设计和发展上,采取了谨慎的态度,对于现有交易品种和新品种的引进和设立,都实施了严格的监管;再次,中国金融监管部门,积极推动银行系统特别是大型银行,进行全面系统的财务重组、国家注资、股份制改造、上市融资等一系列改革,使得中国金融体系的系统性风险大幅降低。

这清楚地说明，只有加强改革与创新才能防范危机。然而，近些年总有一些议论，说美国那样的成熟发达市场经济，尚且不能控制由创新过度导致的金融危机，中国作为正在发展中的市场经济，创新改革还是应当谨慎些好。应当说这种提醒是有一定道理的。美国等国家正在加强监督管理，我们应当学习它们加强和改进监督管理的方法和制度。但是它们是金融创新在先，然后才有管理监督的加强。而比较而言，我国前些年的改革创新只能说是初步的调整，同自己比较进步很大，同别的发达国家的实践比较还是很初级的。从另一意义上说，我们所以受到危机的冲击相对较小，是因为我们的传统金融体制还是过于"传统"，从而与发达社会的金融体制不接轨不对路，因而产生了"隔离"而导致的意想不到的结果。

但是，包括金融市场在内的经济体制全球化，是社会发展的必然趋势，是任何国家或早或迟都要选择和面对的课题。因此，正确的思路应当是既要改革创新，又要加强监督管理。应当从这样一个全面的角度和高度，来总结美欧发达市场的教训和经验；也应当从同一角度和高度，认真认识中国自己的优势与不足。而针对我国目前的形势，还有一个在推动改革创新与监督管理时，哪个侧面应当是着重点的问题。从总体上看，大家或许能够认同，如果说欧美是金融创新过度而引致出问题，那么我国则可能恰巧存在的主要问题是缺乏创新或者创新不足。因此，很显然，欧美目前重点就应当是以加强监督管理为主，在加强管理中推动创新；相对应地，我国金融工作重点则应当以金融创新为重，应当在推动创新中加强监督和管理。因为，终究要有了创新的内容才有监督的对象，否则就是"空对空"的无的放矢。

进一步的问题是，金融创新的内容是什么，要在哪些方面开展创新和改革。我国近些年除对银行、保险、证券等领域里不适应的金融体制和规则进行改革之外，还在一些金融创新试验区比如天津新区，大量试验了产业基金、股权投资基金、共同基金、对冲基金、信托基金等，保理公司、租赁公司、村镇银行、小贷公司、科技银行、财务公司、担保抵押公司等,各种商品市场、资本市场和要素市场等,以及相对应的中介机构和中介市场,如评级、评估、整理、分类、打包、咨询及与会计、法律相关的新型实践等。所有这些金融途径或工具,都是可以或可能继续开展创新的领域和内容。即使在如何处理导致实体经济陷于危机中的有毒资产方面,也是不能完全由行政手段全部代替和包办的,而是应当学习欧美国家多数采用市场方式和市场机制来进行的做法。

其实,在哪些方面开展创新,创新些什么内容,最关键的还是要依据于经济发展的需要和市场演进的需要。唯此创新的内容才是有生命力的。综观中国当前及今后的经济社会发展趋势,我国政府在"十二五"规划中,以经济发展方式的转变、社会利益分配结构的调整为基本立足点和行动方针,大致归纳出未来的几个发展方面:即城市化、工业化、农村现代化,"三化"一体发展,推动大规模的经济结构调整,大力发展战略性新兴产业等。在"十二五"规划的指引下,在下一个五年的战略期间内,伴随着中国经济增长方式的转变和经济结构的转型,在工业装备、厂房建设、航运设施、医疗设备、教育基地、航空行业等,将需要大规模投资,将产生庞大的融资需求。总之,中国未来经济的发展需要大规模资金的支持。

然而,现实的情况是,中国的资金供给渠道并不总是顺畅,传统的信贷、债券渠道等是基于"企业信用"的融资方式。受信用门槛和资产负债率的要求和限制,一些基础设施建设项目确实需要资金,但达不到银行对基础资本的要求,必然面临着大量的融资困难。其中未来将成为国民经济发展的中流砥柱的中小企业,必将面临融资渠道狭窄等现实问题,从而不可避免地制约了企业和产业的发展。

解决这些问题必须多管齐下。比如上文提到的各种基金及其他直接融资方式、各种信用贷款及其他间接融资方式,都是可用之解决问题的手段。本丛书不拟详细讨论这些融资方式,甚至也不准备研究像华尔街上曾流行的那样复杂的金融衍生品。本丛书研究的是"租赁"这种既古老而又极具创新含义的融资方式的现代新变种,即融资租赁。

融资租赁开创了"资产信用"这一新金融理念，具有集金融、贸易、服务为一体的全新金融功能特点，侧重于对项目未来收益现金流的考察，发掘出租赁物本身具有的信用，因此即使在银行贷款中不完全符合要求的项目和企业，也能通过租赁获得所需设备、设施和资金，得到发展机会。可见，从资金供给和需求角度，融资租赁能够打通资本与产业的连接通道，成为产业与金融结合的最佳纽带。因此，大力发展融资租赁业，就成为我国构筑科学稳定的资金供给体系、推进金融市场业务多元化、综合化、专业化发展，以及深化金融改革的必然要求和重要选择。

融资租赁，是当今国际上发展最迅猛的新兴服务产业之一，也是国际上仅次于银行信贷的第二大融资方式，被誉为"朝阳产业"及"新经济的促进者"。现代融资租赁产生于二战后的美国。由于适应了现代经济发展的要求，在世界范围内迅速蓬勃发展起来。目前，融资租赁在欧美发达国家，已成为仅次于银行贷款的第二大融资方式，全球交易规模已超过7000亿美元。

中国的现代租赁业，始于20世纪80年代。1981年东方租赁公司的创立，标志着中国现代融资租赁业的诞生。成立初期，租赁业发展迅速，但后来因制度问题导致严重欠租，使这个行业在20世纪90年代几近倾覆，直到2007年银监会颁布新的《金融租赁公司管理办法》，才使中国租赁业重获新生。此后几年，国内租赁业进入了几何级数增长时期。截至2010年年底，全国注册运营的融资租赁公司已达181家，其中包括金融租赁公司16家，内资试点融资租赁公司45家，以及外商投资融资租赁公司120家。注册资金合计超过800亿元，融资租赁合同余额约为7000亿元，融资租赁市场总交易额超过4200亿元。

融资租赁在中国的应用，已延展至航空、航运、能源、电力、轨道交通、工程机械、医疗、印刷、基础设施建设等很多领域。多年的发展使我们欣喜地看到，很多国际通行的融资租赁形式在中国都有了成功的实践，融资租赁对中国利用外资、引进先进技术、开辟新的社会投资领域、拓宽企业融资渠道等方面，都起到了积极的促进作用。2011年中央一号文件特别写上了融资租赁方式,用于支持国家的"三农"建设。这充分说明,融资租赁作为区别于传统信贷和资本市场的投融资方式,已经得到了社会各方面的认可与肯定。

随着"十二五"规划的逐年实施,中国城市化、工业化步伐的加速推进,经济增长方式从粗放型到集约型的转变,传统行业的产业升级,新兴行业和装备制造业的快速发展,势将促使高端设备、设施的需求持续上升;与此同时,民生工程如保障房建设、中西部基础设施建设,以及"医改""教改"的稳步落实,相关的固定资产和新增设备的投资需求也将持续增长,这些都为融资租赁行业带来了极大的发展机遇和广阔的发展前景。中国是世界上潜在的最大的租赁市场,已经成为国内外融资租赁业内人士的共识。

需要说明的是,融资租赁虽然在中国的发展取得了丰硕的成果,但它毕竟是发端于欧美等国外市场,而欧美国家又与中国有着不同的法律制度、宏观环境。因此,融资租赁无论在原理上,还是在操作方式上,国外的经验对于我们而言虽可借鉴,却不能照抄照搬。与发达国家相比,中国的融资租赁尚处于发展的初级阶段,还有很多问题需要解决,比如融资租赁的发展需要哪些政策支持,需要怎样的法律环境,融资租赁公司作为一个投资平台,如何与银行、信托、保险、担保等金融机构充分合作,融资租赁的多样品种如何丰富金融市场,融资租赁产品如何进行市场交易等一系列问题,都是我们需要深入研究和探讨的重要课题。

这套《中国融资租赁丛书》,由一系列具有系统性、超前性、理论性和可操作性的著作组成,对普及融资租赁基础知识、法律法规建设、实务操作方法等多个方面,进行了全面、深入、系统的研究和阐述。丛书的多位著者,凭借在融资租赁领域多年积累的理论和实践经验,以敏锐的市场眼光、深厚的理论基础,在对我国融资租赁业内存在的一系列现实问题,进行深刻反思的基础上,借鉴国外的先进经验,对融资租赁相关理论和业务知识进行了系统的梳理。由于融资租赁在中国仍处于发展初期,目前国内尚无如此全面系统地研究和论述之专著,本套丛书的出版,无疑填补了这一空白,为我国融资租赁业的大发展,提供了重要的理论依据和实务操作方法,具有重大的理论和现实意义,也必将在我国融资租赁业发展史上产生相当深远的影响。

这套丛书,既适用于在一线从事融资租赁的实践者,也适用于从事融资租赁研究的理论工作者。希望丛书的出版能够引起各界对融资租赁的兴趣和重视,为不同层面的需求者提供有益借鉴。衷心希望广大读者能够与著者一起,在今后共同推动融资租赁的理论和实践工作,取得更大的进展,为融资租赁行业的快速发展作出更大的贡献。

陈宗胜　柯卡生

2012 年 2 月底

前　言

　　现代融资租赁产生于二战之后的美国,是一种基于资产真实交易的结构金融服务,由于其具有独特的"融资和融物"相结合的特点,且操作方式灵活,服务领域广泛,能够适应技术进步和经济发展的要求,因此,20世纪60—70年代在全世界迅速发展起来,并已成为企业更新设备的主要融资手段之一,被誉为"朝阳产业"。目前,在国际资本市场上,融资租赁在5种融资方式(贷款、融资租赁、欧洲债券、欧洲商业债券、中期票据)中的融资总量居第二位,仅次于贷款。全球近三分之一的投资通过融资租赁的方式完成。

　　改革开放后,融资租赁成为我国最先引进的金融创新工具。1981年,东方国际租赁公司的创立,标志着我国现代融资租赁业的诞生,在三十余年的发展过程中,融资租赁业经历了不平坦的发展历程,由于前期的高速发展的阶段,导致了因人才、政策、监管措施不配套而产生的全行业租金拖欠问题,不得不进行行业整顿和法制建设,融资租赁行业一度陷入低迷状态。随着行业整顿的成效显现和法制建设的不断完善,我国加入WTO后,商务部和银监会分别颁布了新的《外商投资租赁业管理办法》和《金融租赁公司管理办法》,自2001年12月12日起,外资机构获准在我国从事融资租赁业务,2004年12月30日,第一批内资租赁企业开展融资租赁业务的试点名单公布,我国融资租赁业的活力开始显现。

经过三十余年艰难曲折的开拓和探索,我国融资租赁业行业规模和业务规模迅速增长,越来越多的国外金融机构、投资机构和跨国公司以及国有银行、国有大型设备制造厂商、国有和民营投资机构设立融资租赁公司,截至 2015 年年底,全国在册运营的各类融资租赁公司总数已达 4508 家,比 2014 年底的 2202 家增加 2306 家,同比增长 104.7%,融资租赁合同余额约为 4.44 万亿元人民币,比上年底的 3.2 万亿元增加约 1.24 万亿元,增幅达 38.8%,我国融资租赁迎来了蓬勃发展的新阶段,成为新的投资热点。

当前,中国转变经济发展方式的号角已全面吹响,如果说我国工业经过新中国成立后前三十年的发展实现了"从无到有",通过改革开放后三十余年的发展实现了"从小到大",那么今后一个时期,我国工业发展的使命就是实现"从大到强"的历史跨越,技术改造投资占工业固定资产投资比重、技术装备投资占技术改造投资比重和自主知识产权技术装备投资占技术装备投资比重将显著提高,而中小企业无疑是推动我国经济发展的中坚力量。虽然国家最近密集出台相关政策,大力推动银行信贷资金对中小企业的支持,但受限于中小企业一般信用级别较低,很难满足银行对其信用的要求,仍然难以主要依靠银行信贷的方式获得所需资金。由此可见,中小企业的技术装备改造升级存在资金巨大的缺口,而融资租赁则无疑是连接资金供需双方,弥补资金缺口的最佳桥梁和纽带,借用融资租赁可以助企业"生"钱,顺利解决问题。

此外,中国经济正进入一个增长动力切换和发展方式转变的新常态,各领域的投资,单纯依靠传统的银行信贷的方式难以完成。而融资租赁则能通过"民有国租""企有政租"的方式,不仅为民间资本的投资开辟了新渠道,也为重大工程和基础设施建设的融资拓宽了渠道,使其能够突破资金瓶颈,获得更好的发展。因此,融资租赁在我国具有广阔的发展空间。

然而,融资租赁是由传统租赁衍生出来的创新的交易形式,其交易形式综合了融资、贸易和服务等多种功能,不仅交易合同复杂,而且对风险控制要求很高,业务操作难度较大,这就要求从业人员对融资租赁的知识、特点、规律及实务操作流程等有深入的认识。但由于融资租赁在我国发展时间较短,社会各界对融资租赁业的认知程度较低,并且中间曾一度经历了整顿调整的低迷状态,导致了融资租赁的专业人才的断档和欠缺,这正日益成为阻碍我国融资租赁业发展的主要障碍之一。因此,对融资租赁相关基础知识的普及,是作者编写本书的初衷。

本书针对融资租赁业务开展过程中遇到的疑点、难点,从概述、融资租赁公司的设立与组织管理、融资租赁业务操作、融资租赁财务管理、融资租赁合同管理、融资租赁风险管理、融资租赁登记等七个方面,梳理了在融资租赁实务操作中可能遇到的主要问题,以问答的形式阐述有关融资租赁的知识,逐一用简洁的语言并辅以必要的图表、案例,有针对性地、一事一议地给予解答。本书所列问题涉及面广、深浅适度,解答针对性强、避免冗长,作为一本知识普及读物,书中力求只讲解融资租赁业务开展中可能遇到的最重要、最基础的问题,旨在使读者能够在融资租赁业务操作和学习中快速地解决遇到的问题和了解相关知识,读者可带着问题翻阅、从中找出答案。此外,本书中还收录了融资租赁涉及的基本法律法规和常用英文词汇,供读者在实务操作中参考。

本书在编写过程中,参考了一些相关资料,在此向原作者表示衷心的感谢。鉴于融资租赁业务在我国发展时间不长,现有的理论、方法正在不断地完善之中,并且也有待于在实践中进一步摸索和总结,同时,限于作者的时间和水平,书中疏漏之处在所难免,敬请广大读者批评指正。

目　录

第一章　融资租赁概述

1. 什么是传统租赁

传统租赁(Rental or Traditional Rental or Operational Lease)是指出租人将自己原有的财产,或根据其对市场需求的判断而购进的具有相对通用性物件,出租给不同承租人使用,承租人支付租金,获得在一段时期内使用该物品的权利,物品的所有权仍保留在出租人手中。

【例】传统租赁的例子在生产生活当中很常见,如日常生活中的房屋租赁,房主将房屋出租给租户使用,租户付给房主租金从而获得房屋的居住使用权,而房屋的产权仍保留在作为出租人的房主手中,近年兴起的汽车租赁也是租赁的一种,租赁也经常以设备租赁等形式出现在建筑工程等领域中。

2. 什么是融资租赁

融资租赁又称现代租赁(Modern Leasing),是指出租人根据承租人对租赁物件和供货人的选择,向供货人购买租赁物件,提供给承租人使用,承租人支付租金。租赁期限结束后,一般由承租人以象征性的名义价格购买租赁物件,租赁物件的所有权由出租人转移到承租人。融资租赁和传统租赁一个本质的区别就是:传统租赁以承租人租赁使用物件的时间计算租金,而融资租赁以承租人占用资金成本的时间计算租金。

【例】A 公司为融资租赁公司,B 公司为建筑公司,C 公司为工程机械生产厂商,B公司需要一件大型工程设备用于扩大再生产,但缺少购买设备所需资金,则经与A融资租赁公司协商,由A融资租赁公司向C工程机械生产厂商购买由B公司指定型号的工程设备,租给B公司使用,B公司向A融资租赁公司按期支付租金,租赁期限结束后,B公司以名义价格购买租赁的工程设备,这种方式就是融资租赁。

3. 融资租赁是怎样产生的

融资租赁于20世纪50年代产生于美国,是市场经济发展到一定阶段而产生的一种适应性较强的融资方式,其诞生有着深刻的时代背景,既是科学技术进步和市场竞争加剧的产物,也是银行资本与产业资本相结合的创新工具。

第二次世界大战后,第三次科技革命造成了西方国家原有工业部门大批设备变得相对落后,同时也产生了以资本和技术密集型为特点的耗资巨大的新兴工业部门,使得这些国家固定资本投资规模急剧扩大,设备更新速度空前加快。

(1)企业方面。随着科学技术的进步,企业为保持有利竞争地位,一方面急需大量资金更新设备,将新技术运用到生产中去;另一方面又要承担因新技术运用导致设备无形损耗加快的风险,在这种背景下,企业不得不考虑除银行资金外的其他融资渠道,融资租赁便成为资本投资市场上的一种新的资金来源。

(2)银行方面。随着金融资本与产业资本的融合,一方面,银行出于回收资金安全考虑,向融资租赁公司出借资金比向企业直接贷款更为安全、可靠,有效地分散了金融风险;另一方面,银行服务的竞争日趋激烈,一些银行自身也积极参与融资租赁业务,作为银行创新业务吸引新老客户。

【例】二战以后,美国工业化生产出现过剩,生产厂商为了推销自己生产的设备,开始为用户提供金融服务,即:以分期付款、寄售、赊销等方式销售自己的设备。由于所有权和使用权同时转移,资金回收的风险比较大。于是有人开始借用传统租赁的做法,将销售的物件所有权保留在销售方,购买人只享有使用权,直到出租人融通的资金全部以租金的方式收回后,才将所有权以象征性的价格转移给购买人。这种方式被称为"融资租赁",1952年美国成立了世界第一家融资租赁公司——美国租赁公司(现更名为美国国际租赁公司),开创了现代租赁的先河。

4. 什么是经营租赁

经营租赁是一种短期租赁形式,它是指出租人不仅要向承租人提供设备的使用权,还要向承租人提供设备的保养、保险、维修和其他专门性技术服务的一种租赁形式(融资租赁不需要提供此服务)。

【例】A融资租赁公司以经营性租赁方式出租飞机,出租人拥有飞机所有权,并可以反复将飞机出租给不同的承租人使用,B、C、D航空公司作为承租人以一定的财务或保证金担保,按期支付租金并取得飞机使用权。A融资租赁公司作为出租人不仅提供融资便利,还提供维修、保养等服务。

5. 融资租赁和经营租赁有什么区别

融资租赁和经营租赁的区别如表1—1所示:

表1—1　融资租赁和经营租赁的区别

	融资租赁	经营租赁
租金产生的实质	占用融资成本的时间	租赁物使用时间
租金的计算方法	使用资金的对价,由取得贷款的本金、利息和出租人赚取的利差构成。	使用物件的对价,与出租人取得设备的资金成本无直接关系。但是,收取的租金应足以计提设备折旧和支付营业税,还必须足以支付出租人购置该设备资金的利息,以及取得合理的利润。
风险和责任	物权和债权分离	物权和债权分离
租赁的目的	承租人获得租赁物	承租人短期使用租赁物
物件的选择	承租人自由选择	出租人购买,承租人选择使用
库存	无	有
租赁合同期限	中长期(1年以上)	一般多是短期使用

续表

标的物管理责任	承租人	出租人
保险	承租人按约定购买	出租人购买
保险受益人	出租人	出租人
中途解约	不可以	可以
合同期满的处理	承租人留购	归还出租人
留购价格	一般是象征意义的价格	市场公允价格

注：另需注意的是，经营租赁在租赁开始日，最低租赁付款额限制或最低收款额限制不得大于租赁资产原账面价值的90%，租赁期不得超过租赁资产尚可使用年限的75%，租赁期结束后，承租人对租赁资产有三种选择(退还、续租、留购)，出租人要承担设备的余值风险，经营租赁的留购价格按照市场公允价格计算。

【例】具体的融资租赁判别方法见本章第6问中给出的例子。

6. 融资租赁和经营租赁的判别标准是什么

融资租赁和经营租赁的判别依据是根据财会[2006]3 号《企业会计准则第21 号——租赁》中规定。具体的判别标准如表1—2所示：

表1—2　融资租赁和经营租赁的判别标准

租赁类型	承租人和出租人应当在租赁开始日将租赁分为融资租赁和经营租赁。
认定融资租赁的标准（满足右边标准之一的，应认定为融资租赁）	(1)在租赁期届满时,资产的所有权转移给承租人。
	(2)承租人有购买租赁资产的选择权,所订立的购买价款预计将远低于行使选择权时租赁资产的公允价值,因而在租赁开始日就可合理确定承租人将会行使这种选择权。
	(3)租赁期占租赁资产使用寿命的大部分。[其中"大部分",通常掌握在租赁期占租赁开始日租赁资产使用寿命的75%以上（含75%）。但如果租赁资产是一项旧资产,在开始此次租赁前其已使用年限超过该资产全新时可使用年限75%的,则该条标准不适用。]
	(4)就承租人而言,租赁开始日的最低租赁付款额现值几乎相当于租赁开始日租赁资产公允价值;就出租人而言,租赁开始日的最低租赁收款额现值,几乎相当于租赁开始日租赁资产公允价值。["几乎相当于"掌握在90%(含90%)以上]
	(5)租赁资产性质特殊,如果不作较大修整,只有承租人才能使用。

【例】2007 年 12 月 1 日,A 融资租赁公司与 B 生产企业签订了一份租赁合同,合同主要条款及其他有关资料如下,请判断该租赁的租赁类型。

(1)租赁标的物:CF 型数控车床。

(2)租赁期开始日:2007 年 12 月 31 日。

(3)租赁期:2007 年 12 月 31 日—2010 年 12 月 31 日,共计 36 个月。

(4)租金支付方式:自起租日起每 6 个月月末支付租金 225000 元。

(5)该设备的保险、维护等费用均由 A 公司负担,估计每年约 15000 元。

(6)该设备在租赁开始日的公允价值均为 1050000 元。

(7)租赁合同规定 6 个月利率为 7%。

(8)该设备的估计使用年限为 9 年,已使用 5 年,期满无残值,承租人采用年限平均法计提折旧。

(9)租赁期满时,B 公司享有优惠购买选择权,购买价 150 元,估计期满时的公允价值 500000 元。

(10)2009 年和 2010 年两年,B 公司每年按该设备所生产的产品的年销售收入的 5%向 A 融资租赁公司支付经营分享收入。B 公司 2009 年和 2010 年销售收入分别为 350 000 元、450000 元。此外,该设备不需安装。

(11)B 公司在租赁谈判和签订租赁合同过程中发生的,可归属于租赁项目的手续费、律师费、差旅费、印花税等初始直接费用共计 10000 元,以银行存款支付。

从本案例中可以看出:

①B 公司享有优惠购买选择权,符合融资租赁判定标准的第(1)条;

②B 公司购买价为 150 元,公允价值为 500000 元,设备购买价款远低于行使选择权时租赁资产的公允价值,符合融资租赁判定标准的第(2)条;

③该设备的估计使用年限为 9 年,已使用 5 年,尚余 4 年的使用年限,而合同期限为 3 年,租赁期占资产使用寿命的 75%,符合融资租赁判定标准的第(3)条;

④经计算，该设备最低租赁付款额的现值＝225000×（P/A,6,7%）＋150×（P/F,6,7%）＝225000×4.7665＋150×0.6663＝107562.45（元）＞1050000×90%（具体计算方法在第四章中详述），符合融资租赁判定标准(4)。

因此,该项租赁可认定为融资租赁(在实践中,满足上述条件之一,即可认定为融资租赁)。

7. 融资租赁有什么样的特点

融资租赁具有如下特点：

(1)不可撤销。即融资租赁为不可解约的租赁,一般情况下,在基本租期内双方均无权撤销合同。

(2)完全付清。在基本租期内,设备只租给一个用户使用,承租人支付租金的累计总额为设备价款、利息及租赁公司的手续费之和。承租人付清全部租金后,设备的所有权即归于承租人。

(3)租期较长。基本租期一般相当于设备的有效寿命。

(4)承租人负责设备的选择、保险、保养和维修等；出资人仅负责垫付贷款,购进承租人所需的设备,按期出租,以及享有设备的期末残值。

【例】A融资租赁公司和B公司签订了一份融资租赁合同,其租赁对象是一台大型工程机械设备,租期10年,则根据融资租赁不可解约的特点,一旦合同签订,租期内双方均无权撤销此合同。B公司作为承租人,按期支付给作为出租人的A融资租赁公司租金,10年租赁期满后,设备的所有权归属于B公司。在租赁期间,该工程机械设备的保养、保险、维修均由作为承租方的B公司负责。

8. 融资租赁的参与方有哪些

融资租赁的参与方一般为出租人、承租人和供货方,详细内容如表1—3所示：

表1—3　融资租赁的参与方

参与方	具体内容
出租人	指融资租赁公司,这个公司不以经营固定资产为主要业务,而是以出租的方式向承租人提供购买固定资产所需的资金,它的主要业务就是经营融资租赁业务。
承租人	就是要租入并长期使用所需固定资产的当事人。
供货方	也称出卖人,就是提供并出售固定资产的出售人。

【例】A公司为一家融资租赁公司,B公司为一家建筑公司,C公司为一家工程机械生产厂商,现A公司和B公司签订了融资租赁合同,B公司指定需要C公司某种型号的挖掘机,现由A公司向丙公司购买该型号挖掘机后出租给B公司,则在此案例中,A公司为出租人,B公司为承租人,C公司为供货方。

9.融资租赁和银行贷款有什么样的区别

融资租赁和银行贷款的区别如表1—4所示:

表1—4　融资租赁和银行贷款的区别

	融资租赁	银行贷款
采购人	出租人	客户
债权	出租人	贷款银行
物权	出租人	客户
保险受益人	出租人	客户
担保	可以无担保或抵押	需将标的物抵押给银行
保全	不参与承租人的破产	参与客户的破产清算
标的物处置权	出租人	贷款银行
留置权	租金付清后承租人优先留购	偿清贷款后解除抵押

【例】B公司需要一台设备,可采用的融资方式有从A融资租赁公司进行融资租赁和从D银行贷款两种,现分别以采用融资租赁和采用银行贷款这两种方式进行说明。

(1)采用融资租赁的方式。由B公司与A融资租赁公司签订融资租赁协议,由A公司作为采购人,按照B公司的要求进行采购,该设备的所有人为 A 公司,B 公司按期偿还租金, 期满后 B 公司享有优先留购权。

(2)采用银行贷款的方式。D 银行按照客户 B 公司的要求,提供给 B 公司要求的资金,B 公司自行购买所需设备, 并需将该设备抵押给 D 银行,设备的所有人为 B 公司,B 公司按时偿付贷款,待偿清贷款后即可解除抵押。

10. 我国最早的融资租赁公司是何时成立的

我国最早的融资租赁公司——中国东方租赁有限公司是在 1981 年成立的。

【例】1979 年 7 月 9 日,我国颁布了《中外合资经营企业法》。10 月 4 日,中国国际信托投资公司(以下简称中信公司)在北京成立,成为我国利用外资的主要窗口之一。不久,中信公司董事长荣毅仁提出创办国际租赁业务,以开辟利用外资的新渠道。11 月初,中信公司开始与日本东方租赁公司探讨合资成立融资租赁公司,以期共同发展租赁业务。

1980 年初,中信公司根据荣毅仁董事长赴欧考察后所提建议,派小组去日本考察现代租赁业,试办了第一批融资租赁业务,并取得了良好的经济效益。其中包括:为河北涿州编织厂引进编织机;为北京首都出租汽车公司引进 200 辆日产轿车;同时,又为民航引进一架美国波音 747-400 大型客机穿针引线,同瑞士一家跨国公司通过杠杆租赁达成引进协议。

1980 年 6 月 2 日,中国东方租赁有限公司筹备组在北京陶然亭公园举行招待会,宣布筹备组成立。11 月 27 日,国家外汇管理局以(80)汇综字第 1022 号文答复东租筹备组, 同意在国内开展租赁业务使用外币计价结算。为中外合资租赁公司在国内开展租赁业务打开了政策之门。

1981 年 4 月 15 日, 中国东方租赁有限公司在北京展览馆举行招待会,庆祝首届董事会召开。4 月 18 日,中国东方租赁有限公司取得营业执照,开始营业。至此,由中国国际信托投资公司发起,北京机电设备公司、中国国际信托投资公司、日本东方(ORIX)租赁公司等出资组建的中国第一家现代意义的租赁公司宣布诞生。

11. 我国融资租赁业的发展经历了哪几个时期？有何特点？

我国融资租赁业的发展可以分为以下四个时期：

(1)高速成长期(1981年4月—1987年)。在这一时期,我国实行计划经济,经济行为的主体是各级政府部门。尽管当时我国还没有征信记录和信用评估体系,企业的财务报表也和国际不接轨,但在这一时期的融资租赁交易中,租赁项目由各级政府部门决策,归还租金由各级政府部门提供担保(包括外汇额度担保),甚至具体管理也由各级政府部门负责,项目安全可靠,因此,境外的投资人纷至沓来,国内合作伙伴的响应也非常积极。

【例1】根据对1987年底成立的19家中外合资融资租赁公司的调查,1987年底累计引进外资17.9亿美元,没有不良债权发生。外方股东中不乏世界级的银行和商社,例如来自日本的东方(ORIX)租赁公司、三和银行、日本兴业银行、樱花银行、三菱信托银行、日本长期信用银行,来自美国的GATX,来自德国的德累斯登银行、德国裕宝联合银行,来自法国的巴黎银行,来自意大利的意大利商业银行等。

(2)行业整顿期(1988—1998年)。在此期间,由于体制转换的原因,很快出现了全行业性的租金拖欠,当时的24家外商投资租赁公司的租金拖欠总额达3亿美元。为此,1988年6月20日公布了《最高人民法院公报》,指出"国家机关不能担任保证人"。1988年4月13日《全民所有制工业企业法》公布,我国经济行为的主体由政府部门转向企业。

【例2】经过不懈的努力,解决租金拖欠问题得到政府部门的支持。在行业处于整顿的10年间,融资租赁行业并没有停止发展的步伐。10年间新设立了14家中外合资融资租赁公司,共完成新签融资租赁合同金额46亿美元。

(3)法制建设期(1999—2003年)。从1999年开始,我国陆续完成了融资租赁法律框架的建设。在法制建设阶段,融资租赁相关的法律法规不断完善。

【例3】法制建设期间发布的法律法规如表1—5所示：

表1—5　法律建设阶段我国的融资租赁法律框架建设

序号	法规名称	备注
1	《合同法》(1999年9月15日生效)	
2	《企业会计准则——租赁》(2001年1月1日生效)	后修改为《企业会计准则21号——租赁》(2006年2月15日生效)
3	《金融租赁公司管理办法》(2000年6月30日发布)	后经修改(2007年1月23日发布)
4	《外商投资租赁公司审批管理暂行办法》(2001年9月13日发布)	后修改为《外商投资租赁业管理办法》(2006年3月15日发布)
5	税收政策不断完善	

(4)恢复活力期(2004—2010年)。2004年以后,随着相关法律法规的不断完善、外部发展环境的逐步改善以及融资租赁公司业务经营日益规范,我国的融资租赁行业逐渐恢复了活力。

【例4】2004年以后发生的三件大事,标志着我国融资租赁业已进入恢复活力时期,如表1—6所示：

表1—6　标志我国融资租赁业进入恢复活力期的主要事件

序号	事件	备注
1	外商独资融资租赁的开放	2004年12月11日,商务部外资司负责人宣布自即日起开放外商独资融资租赁。在此之前,商务部已批准GE和卡特彼勒进行设立外商独资融资租赁的试点。
2	内资融资租赁的试点	2004年12月,商务部和国家税务总局联合首次批准9家内资融资租赁公司试点单位。目前已批准12批内资融资租赁公司试点单位,总计123家。
3	《金融租赁公司管理办法》的修订	2007年1月,我国银监会发布经修订的《金融租赁公司管理办法》,重新允许国内商业银行介入金融租赁,并陆续批准所管辖的银行设立金融租赁公司。

(5)爆发式增长阶段(2010年以后)

2010年以后,融资租赁行业呈现爆发式增长的良好态势。2013年,融资租赁企业数量突破1000家,2014年, 融资租赁企业数量突破2000

家。2015 年,融资租赁企业数量突破 4000 家(截至 2015 年年底,融资租赁公司达到 4508 家,较 2014 年底的 2202 家增加了 2306 家),达到平均每天增加超过 6 家公司的速度。融资租赁合同余额突破 4 万亿元。

【例 5】如表 1—7、表 1—8 所示,2010 年以后,融资租赁的合同余额、融资租赁企业数量较 2009 年均有了较大的增长。但其发展也并非一帆风顺,2013 年 8 月 1 日起施行的《关于在全国开展交通运输业和部分现代服务业营业税改征增值税试点税收政策的通知》(财税[2013]37 号,业内称 37 号文)规定,租赁公司当期收到的租金须全额征税,导致融资租赁公司在做售后回租业务时税负会大幅攀升,售后回租项目处于停滞状态,国内融资租赁行业受到严重冲击,中国融资租赁行业的发展一度陷入停滞。

而 2013 年 12 月 13 日,据国务院常务会议决定,财政部和国家税务总局联合印发《关于铁路运输和邮政业纳入营业税改征增值税试点的通知》(财税[2013]106 号,业内称 106 号文)。通知规定,试点纳税人提供融资性售后回租服务,向承租方收取的有形动产价款本金,不得开具增值税专用发票,可以开具普通发票。这意味着,合格的出租人开展回租业务时,本金部分无须开增值税专票。行业发展又终于步入正轨。2014 年以来,在一系列利好政策的推动下,我国融资租赁业重新步入迅速发展的轨道。

表 1—7 全国融资租赁合同余额(单位:亿元)

	2009 年	2010 年	2011 年	2012 年	2013 年	2014 年	2015 年
金融租赁	1700	3500	3900	6600	8600	13000	17300
内资租赁	1300	2200	3200	5400	6900	10000	13000
外资租赁	1300	1300	2200	3500	5500	9000	14100
总计	3700	7000	9300	15500	21000	32000	44400

数据来源:历年中国融资租赁行业发展报告(中国租赁蓝皮书)

表1—8 融资租赁企业数量及类型分布

	2009年	2010年	2011年	2012年	2013年	2014年	2015年
金融租赁	17	18	20	20	23	30	47
内资租赁	37	53	66	80	123	152	190
外资租赁	110	190	210	460	880	2020	4271
总计	164	261	296	560	1026	2202	4508

数据来源：历年中国融资租赁行业发展报告（中国租赁蓝皮书）

【例6】2014年，《金融租赁公司管理办法》（以下简称《办法》，全文见附件二）再次修订，放宽了准入门槛，扩大了业务范围，强化了股东风险责任意识，同时，实施分类管理，完善监管规则，为金融租赁公司的大发展奠定了基础。

修订后的《办法》分为6章，共计61条，重点对准入条件、业务范围、经营规则和监督管理等内容进行了修订完善。一是将主要出资人制度调整为发起人制度，不再区分主要出资人和一般出资人，取消了主要出资人出资占比50%以上的规定，规定发起人中应该至少包括一家符合条件的商业银行、制造企业或境外融资租赁公司，且其出资占比不低于30%；二是扩大业务范围，放宽股东存款业务的条件，拓宽融资租赁资产转让对象范围，增加固定收益类证券投资业务、为控股子公司和项目公司对外融资提供担保等；三是实行分类管理制度，在基本业务基础上，允许符合条件的金融租赁公司开办发行金融债、资产证券化以及在境内保税地区设立项目公司等升级业务；四是强化股东风险责任意识，要求发起人应当在金融租赁公司章程中约定，在金融租赁公司出现支付困难时，给予流动性支持，当经营损失侵蚀资本时，及时补足资本金，更好地保护利益相关方的合法权益，促进公司持续稳健经营；五是丰富完善经营规则和审慎监管要求，强调融资租赁权属管理和价值评估，加强租赁物管理与未担保余值管理等，同时完善了资本管理、关联交易、集中度等方面的审慎监管要求；六是允许金融租赁公司试点设立子公司，引导金融租赁公司纵向深耕特定行业，提升专业化水平与核心竞争力。

12. 融资租赁按租赁方式如何分类

融资租赁按租赁方式一般主要可以划分为直接租赁、转租赁、售后回租、杠杆租赁等。

(1)直接租赁,又称单一投资者租赁,直接租赁是指出租人用自有资金或在资金市场上筹措到的资金购进设备,直接出租给承租人的租赁,即"购进租出"。体现了融资租赁的基本特征,是融资租赁中采用最多的形式,融资租赁的其他形式,则是在此基础上,结合了某一信贷特征而派生出来的,一般适用于固定资产、大型设备购置、企业技术改造和设备升级。

【例1】A融资租赁公司根据B承租企业的选择,向C设备制造商购买设备,并将其出租给B承租企业使用。租赁期满,设备归B承租企业所有的融资租赁方式即为直接租赁。直接租赁的交易框架如图1—1所示:

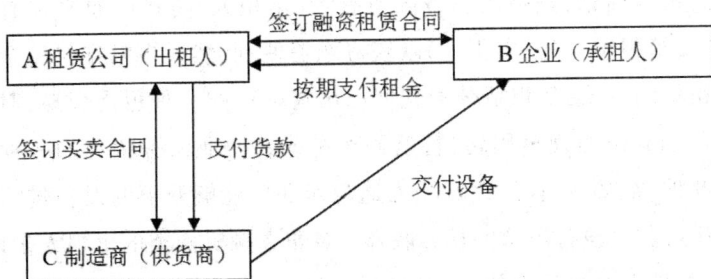

图1—1 直接租赁交易框架

(2)转租赁,是指以同一物件为标的物的多次融资租赁业务,由两家租赁公司同时承继性地经营一笔融资租赁业务,即转租人根据最终用户(承租人)对租赁物件的选择,从原始出租人处租入该租赁物件后、再转租给最终用户(承租人)使用的一种租赁交易安排;租赁物件的所有权归原始出租人(第一出租人)。此模式有利于发挥专业优势、避免关联交易。

【例2】B公司需要一台大型机械设备,A融资租赁公司根据B公司

(最终承租人)的要求,先以承租人的身份从 C 租赁公司处租入该设备,再以出租人的身份转租给 B 公司,此项融资租赁交易则称为转租赁。该转租赁业务的交易框架如图 1—2 所示:

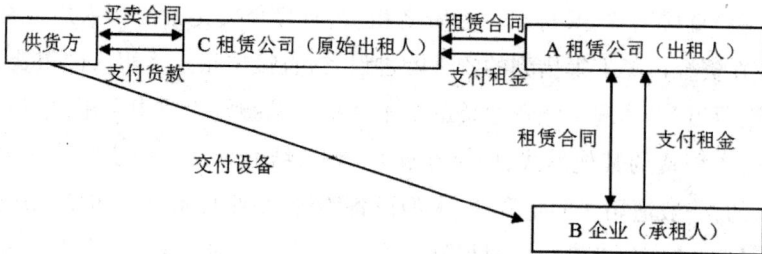

图 1—2 转租赁交易框架

　　(3)售后回租,是指由设备的所有者(承租人)将自己原来拥有的部分财产卖给租赁公司(出租人)以获得融资便利,然后再以支付租金为代价,以租赁的方式,从租赁公司租回已出售财产的一种租赁交易,对承租人而言,当其急需现金周转,售后回租是改善企业财务状况的一种有效手段,此外,在某些情况下,承租人通过对那些能够升值的设备进行售后回租,还可获得设备溢价的现金收益。对非金融机构类的出租人来说,售后回租是扩大业务种类的一种简便易行的方法。综上,售后回租方式较为适用于流动资金不足的企业、具有新投资项目而自有资金不足的企业、持有快速升值资产的企业。

　　【例3】B 公司拥有一台设备,但由于扩大生产规模的需要,为盘活资金,B 公司将这台设备以公允价值出售给 A 融资租赁公司后,B 公司再以承租人的身份,通过融资租赁方式,从 A 融资租赁公司租入该设备。A 融资租赁公司在法律上享有设备的所有权,但实质上设备的风险和报酬由承租企业 B 公司承担。该售后回租业务的交易框架如图 1—3 所示:

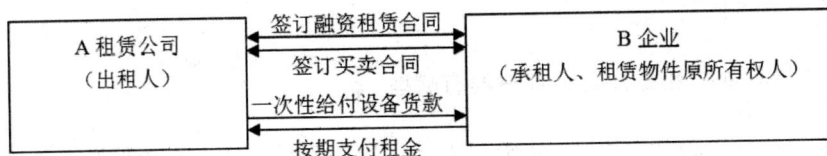

图1-3 售后回租交易框架

(4)杠杆租赁,又称平衡租赁,是指在一项租赁交易中,出租人只需投资租赁设备购置款项的20%~40%的金额,即可在法律上拥有该设备的完整所有权,享有如同对设备100%投资的同等税收待遇;设备购置款项的60%~80%由银行等金融机构提供的无追索权贷款解决,但需出租人以租赁设备作抵押、以转让租赁合同和收取租金的权利作担保的一项租赁交易,参与交易的当事人、交易程序及法律结构比融资租赁的基本形式复杂。杠杆租赁是融资租赁的一种高级形式,适用于价值在几百万美元以上, 有效寿命在10年以上的高度资本密集型设备的长期租赁业务,如飞机、船舶、海上石油钻井平台、通讯卫星设备和成套生产设备等。

【例4】B公司为石油开采企业,需要一套大型的海上石油钻井平台,A公司为融资租赁公司,由于涉及租赁金额较大,则由A融资租赁公司作为主干公司牵头, 联合银行等金融机构, 成立一家项目公司,通过投入大型海上石油钻井平台购置款项的部分金额作为财务杠杆,为租赁项目取得全部资金。

13. 融资租赁按租赁对象如何分类

按融资租赁的交易对象,融资租赁可以分为飞机租赁、船舶租赁、设备租赁、基础设施租赁等。

【例】A航空公司因扩大机队规模需求,需要采用融资租赁的方式引进一架飞机,这就是飞机租赁。基础设施融资租赁,则是以基础设施为融资租赁交易对象,如一座大桥、一段高速公路等等,多用于政府盘活固定资产,且多以售后回租的方式进行,回收的资金一般用于当地基础设施建设的再投资。

14. 融资租赁业务的客户群有哪些

在融资租赁交易中,从承租人的法律属性角度看,承租人既可是法人,也可是自然人。但在实践中,融资租赁交易中的承租人多为法人。

【例】作为承租人的融资租赁客户群既可以来自制造业、交通运输业、通讯业、纺织业、农业和各种类型的金融机构等制造、服务行业的企业,也可以是来自于政府的公共部门或事业单位,如医院、政府机构等。

15. 融资租赁有哪些功能

随着我国融资租赁业的不断发展,融资租赁不以"拥有"为最终目的,通过"使用"创造效益、能够保持设备的先进性、保持资产的流动性和合理的资产负债比例等功能逐渐被业界认可,因此,融资租赁的融资功能、促销功能、投资功能和资产管理功能逐渐受到重视。

【例】A 公司是融资租赁公司,B 公司是承租企业,C 公司是设备生产厂家。经协商,B 公司通过融资租赁方式引进一套大型生产设备,用于扩大再生产,则融资租赁的功能具体体现在:

(1)融资功能。融资成本固然是融资决策的重要因素,现金流的匹配则对企业的正常发展更为重要,融资租赁从其本质上看是以融通资金为目的的, 能够解决企业资金不足的问题。对于作为承租人的 B 公司来说,融资租赁为其开辟了一种新的融资方式。需要添置设备的 B 公司,只须付少量资金就能使用到所需设备进行生产,相当于得到了一笔中长期贷款。

(2)促销功能。对生产厂家 C 公司来说,融资租赁业务是一种新的营销方式。为客户提供融资服务已经成为提升企业竞争力和产品占有市场份额的重要措施。如果 A 公司是由 C 公司投资设立的,则 A 公司为具有厂商背景的融资租赁公司,C 公司可以将 A 融资租赁公司作为营销载体,通过"以租代销"的形式扩大业务量,一是可以避免生产企业存货太多,导致流通环节的不畅通;二是可扩大产品销路,加强产品在国内外市场上的竞争能力。

(3)投资功能。A 融资租赁公司可以通过吸收股东投资、借贷、发债、上市等融资手段吸收社会投资。同时,A 融资租赁公司利用银行资金开展租赁业务,可以减少银行直接对企业的固定资产贷款,增加资产流动性,减少银行信贷风险,加大投资力度。此外,政府财政部门可根据国家的产业政策,充分利用自己的资金、信用、政府的集中采购的杠杆作用,通过 A 融资租赁公司提供的融资租赁业务,盘活资产、筹措资金,扩大财政政策的乘数效应,加强国家对基础设施建设和支柱产业的投资力度。

(4)资产管理功能。资产管理功能是由于租赁物的所有权和使用权的分离而衍生出来的。因为租赁物的所有权在 A 融资租赁公司,所以 A 融资租赁公司有责任对租赁资产进行管理、监督,控制资产流向。同时,A 融资租赁公司可以帮助企业盘活资产,使企业的资产物尽其用,真正实现企业的价值增值。特别是如果采用经营租赁的方式,A 融资租赁公司可以为 B 公司提供维修、保养和产品升级换代等服务,使其经常能使用上先进的设备,降低使用成本和设备淘汰的风险,尤其是对于售价高、技术性强、无形损耗快或利用率不高的设备有较大好处。

16. 融资租赁能起到表外融资的作用吗

目前, 一些表述中提到融资租赁能起到表外融资的作用是不准确的。如前所述,按照我国现行《企业会计准则第 21 号——租赁》中的相关规定,租赁分为融资租赁和经营租赁。对承租人而言,只有经营租赁才被视为一种合理合法的表外融资方式。即经营租赁资产不体现在承租人的资产负债表上,又由于资产的使用产生收益,因而对承租人的资产负债率、收益率等具有美化作用,有利于节省企业流动资金并维护现有的信用额度,有利于改善企业财务状况。

【例】在实际操作中,经营租赁可以避免表内融资行为在会计报表中反映后引起的财务状况恶化进而影响企业的再融资, 如信用等级下降、借款成本提高等，其本质是为了防止财务报表反映企业负面的财务信息，阻断负面信息的传递。企业通过经营租赁进行表外融资，至少从表面上使资产负债表的质量得到明显改观，改善了企业的财务状况，增加了企业的偿债能力，为企业的所有者和经营者带来利益。

17. 什么是融资租赁渗透率

租赁渗透率是衡量租赁业发展程度的统计指标，主要包括"设备渗透率"和"GDP渗透率"两种计算方法。前者自1980年开始使用，后者自2001年开始使用。

【例】设备渗透率 = 年租赁交易量 / 年设备投资额

GDP渗透率 = 年租赁交易量 / 年GDP总额

根据《Global Leasing Report（2015）》统计，我国2013年的融资租赁交易规模为889亿美元，设备渗透率为3.1%，GDP渗透率为1.11%。

18. 融资租赁的四大支柱是什么

与融资租赁业有关的交易规则、会计准则、行业监管和税收政策，业内习惯称其为支持融资租赁的四大支柱。所谓四大支柱，实际上是指支持融资租赁交易的最低限度的法律和法规。我国融资租赁业的四大支柱在1999年以后已陆续建立并不断完善。

【例】我国支持融资租赁业的四大支柱为如表1—8所示：

表1—8　我国支持融资租赁业的四大支柱

支柱名称	详细内容
交易规则	• 融资租赁的交易规则体现在《合同法》中，《合同法》第十三章是"租赁合同"，第十四章是"融资租赁合同"。但《合同法》相关条款的设定都相对简单和相对原则，对取回权、登记、善意第三人取得等问题没有进行明确规定。导致出租人的租赁物所有权受到《物权法》上善意第三人制度的冲击。 • 我国最早发布有关融资租赁的法律文件是1996年5月28日《最高人民法院关于审理融资租赁合同纠纷案若干问题的规定》。2014年2月，为统一裁判尺度，规范和保障融资租赁业健康发展，最高人民法院正式公布了《关于审理融资租赁合同纠纷案件适用法律问题的解释》。

续表

支柱名称	详细内容
会计准则	• 《企业会计准则——租赁》于 2001 年 1 月 1 日由财政部发布实施。2006 年 2 月 15 日，财政部对《企业会计准则——租赁》进行了修改，并发布了经修改的《企业会计准则第 21 号——租赁》，新准则规定，在一项租赁中，如果实质上转移了与资产所有权有关的全部风险和报酬的租赁，则可称为融资租赁。
行业监管	• 金融租赁公司受银监会监管。中国人民银行于 2000 年 6 月 30 日发布了《金融租赁公司管理办法》，2007 年 1 月 23 日，银监会发布了经修改的《金融租赁公司管理办法》。2014 年 3 月 13 日，银监会发布最新(2014)3 号《金融租赁公司管理办法》，进一步推进金融租赁的发展。2014 年 7 月，银监会又发布(2014)198 号《金融租赁公司专业子公司管理暂行规定》，允许金融租赁公司依照相关法律法规在中国境内自由贸易区、保税地区及境外，设立从事特定领域融资租赁业务而设立的专业化租赁子公司。 • 外资融资租赁公司原受外经贸部监管，外经贸部于 2001 年 8 月 13 日发布了《外商投资租赁公司审批管理暂行办法》。后来，商务部与国家税务总局于 2004 年 10 月发布《关于从事融资租赁业务有关问题的通知》(商建发[2004]560 号)，商务部及省级商务主管部门成为外资融资租赁公司的监管部门，并于 2005 年 2 月 17 日发布了商务部令[2005]第 5 号文——《外商投资租赁业管理暂行办法》，也是外资融资租赁公司的现行监管办法。商务部多次对此暂行办法提出修订意见稿，最新版本推出于 2014 年 11 月。外资融资租赁企业的另一重要监管文件是商务部于 2013 年 9 月 18 日颁布的商流通发 [2013]337 号文——《融资租赁企业监督管理办法》。外资融资租赁企业作为"根据商务部有关规定从事融资租赁业务的企业"受此办法约束。《外商投资租赁业管理暂行办法》偏重于对融资租赁公司前端设立条件和流程的规范，《融资租赁企业监督管理办法》则着重于融资租赁公司的经营规则和监督管理。 • 商务部和国家税务总局 2004 年 10 月联合下发的《关于从事融资租赁业务有关问题的通知》(商建发[2004]560 号)是内资融资租赁企业的指导性文件，开启了内资融资租赁公司试点审批的制度。2012 年 8 月商务部发布《内资融资租赁企业管理办法(征求意见稿)》，至今未获正式发布。 • 商务部 2013 年颁布的《融资租赁企业监督管理办法》，外资、内资融资租赁企业均受其约束。但由于《融资租赁企业监督管理办法》并没有涉及太多内外资融资租赁公司成立的问题，所以上述《关于从事融资租赁业务有关问题的通知》仍继续执行。内资能否由试点改为正常行政审批，国家税务总局能否退出内资融资租赁公司的审批环节还不确定。
税收政策	• 2009 年增值税转型改革在全国全面推行，但 2004 年以来我国三类租赁公司均缴纳营业税，意味着承租人从租赁公司通过融资租赁方式取得固定资产的，尽管在取得固定资产的过程中已缴纳了增值税，却无法抵扣。为了解决融资租赁增值税链条断裂重复征税的问题，国家有关部门陆续出台政策予以解决。其中有形不动产沿用已有政策，按差额征收 5%营业税；有形动产根据营改增新政策，按差额征收 17%增值税并在实际税负超出 3%时即征即退。

支柱名称	详细内容
税收政策	• 2010 年 9 月 17 日国税总局出台了[2010]年 13 号文——《关于融资性售后回租业务中承租方出售资产行为有关税收问题的公告》。据此,融资性售后回租业务中承租方出售资产的行为,不确认为销售收入,不属于增值税和营业税征收范围,不征收增值税和营业税。租赁期间,承租人支付的属于融资利息的部分作为企业财务费用在税前扣除。这意味着回租业务的本金部分不征收增值税,只对增值部分即利息收入部分征收增值税。此文件目前仍有效。 • 2013 年 5 月 24 日,财政部、国家税务总局发布了[2013]37 号文件,现已全文废止。其中规定有形动产融资租赁业务中,融资租赁公司对当期收到的租金须全额开具增值税发票,即全额征税,并要求于 8 月 1 日起开始执行。而按照[2010]13 号公告的规定,承租方在"出售"资产时不征收增值税,无法给出租方开具增值税专用发票。这导致售后回租业务税负大幅攀升,使得国内融资租赁行业遭受到近几年来最大的冲击。2013 年 8 月份以后,由于受到 37 号文的打击,全国融资租赁行业的售后回租业务几近停摆。2013 年三季度末全国融资租赁合同余额为 19000 亿元,较 6 月底环比增长为零,是 2007 年来首次出现规模增长停滞。 • 2013 年 12 月 13 日财政部、国家税务总局联合发文《关于将铁路运输和邮政业纳入营业税改征增值税试点的通知》(财税[2013]106 号)及其补充规定《财政部、国家税务总局关于铁路运输和邮政业营业税改征增值税试点有关政策的补充通知》(财税[2013]121 号文)。文件规定试点纳税人提供有形动产融资性售后回租服务,以收取的全部价款和价外费用,扣除向承租方收取的有形动产价款本金,以及对外支付的借款利息(包括外汇借款和人民币借款利息)、发行债券利息后的余额为销售额。至此由 37 号文引起的融资租赁公司难题得到解决,融资租赁公司的进项税得到明确,从而销项税和进项税可以相互抵扣,消除了税务处理的不确定性,售后回租业务得以恢复常态。 • 2014 年 9 月财政部、海关总署、国家税务总局联合发布财税[2014]62 号文件——《关于在全国开展融资租赁货物出口退税政策试点的通知》,规定三类融资租赁公司可以就满足一定要求的出口租赁物申请退还其在购入环节缴纳的增值税、消费税。此外,对融资租赁出租方购买的,以融资租赁方式租赁给境内列名海上石油天然气开采企业且租赁期限在 5 年(含)以上的国内生产企业生产的海洋工程结构物,视同出口,试行增值税、消费税出口退税政策。此规定意在鼓励融资租赁企业向海外拓展业务,将促进国内制造业出口。

19. 融资租赁在我国的发展前景如何

从世界范围看,我国的融资租赁业,虽经过数年的快速发展,已初具规模,但与西方成熟国家的交易规模和租赁渗透率相比,仍相去甚远。租赁业现状与快速发展的经济水平很不相称。根据《Global Leasing Report

(2015)》统计，我国 2013 年的融资租赁交易规模为 889 亿美元，而市场渗透率仅为 3.1%，与美国(22%)、德国(16.6%)等发达国家相差甚远。由此可见，我国融资租赁业发展空间巨大①。

从我国融资租赁发展速度看，我国融资租赁业呈几何级数攀升，《2015 年中国融资租赁业发展报告》显示，至 2015 年年底，全国融资租赁企业总数为 4508 家，比 2014 年底的 2202 家增加 2306 家，增长了 104.7%。全国融资租赁合同余额 2012 年实破 1 万亿，2013 年突破 2 万亿，2014 年突破 3 万亿，2015 年突破 4 万亿。

【例】随着"一带一路"战略构想的落地实施，随着我国城市化、工业化步伐的大力推进，传统行业的产业升级，新兴行业和装备制造业的快速发展，民生工程如保障房建设、中西部基础设施建设，以及"医改""教改"的稳步落实，与此相关固定资产和新增设备投资需求将持续增长，这为融资租赁行业的发展带来了极大的发展机遇。

此外，我国金融资源的配置不均衡。例如，我国中小企业贡献了我国 60%的GDP，而传统的银行贷款只有 37%的配给。这种资源配置的不平衡将为融资租赁业的发展带来巨大空间。自 2010 年以来，国务院及其下属各部委多次发文强调了非银行金融机构发展的重要性，强调了发展中小企业融资服务的重要性。因此，融资租赁在中小企业融资领域的发展也符合国家的政策导向。

因此，"一带一路"战略构想的实施，快速增长的中国经济，《中国制造 2025》的提出，潜力巨大的中小企业资金需求等将共同为融资租赁业的发展构筑起良好的外部需求环境，融资租赁行业在我国将有巨大的成长空间。

第二章　融资租赁公司的设立与组织管理

20. 融资租赁公司的性质是怎样界定的

融资租赁公司本身是否是金融机构,由公司的股东背景和公司依照市场准入标准的相关法规取得的经营范围来确定。目前,我国金融机构性质的融资租赁公司的审批监督部门是银监会,非金融机构的融资租赁公司的审批管理部门是商务部。

【例】如果其股东背景为银行、保险、信托、证券等金融机构并达到一定的持股比例,或公司是依据金融主管部门颁布的市场准入的相关法规设立,除从事融资租赁业务以外,还可以从事吸收存款、贷款、同业拆借等其他金融业务,则该融资租赁公司就是金融机构性质的租赁资产投资和管理机构。如国银租赁、工银租赁都属于金融机构。

如果其股东背景是制造商或是一般工商企业、非金融的投资机构设立的专门从事融资租赁业务的融资租赁公司,企业经营范围也不介入吸取存款等其他金融业务,那么,这个融资租赁公司就是非金融机构,如中联重科融资租赁、渤海租赁等都属于非金融机构。

21. 按审批机构不同划分,融资租赁公司有哪些类型

按审批机构的不同进行划分,我国目前存在三种类型融资租赁公司。

(1)外商投资的融资租赁公司:由商务部(继承原外经贸部)审批和监管。2001年8月14日原外经贸部曾颁布过一个《外商投资租赁公司审

批管理暂行办法》。为了兑现中国政府的"入世"承诺,2005年2月17日商务部为促进外商投资租赁业的健康发展,规范外商投资租赁业的经营行为,防范经营风险,根据《中华人民共和国合同法》《中华人民共和国公司法》《中华人民共和国外资企业法》《中华人民共和国中外合资经营企业法》《中华人民共和国中外合作经营企业法》等有关法律、法规,又正式颁布了《外商投资租赁业管理办法》(商务部令2005年第5号)。该办法适用于外国公司、企业和其他经济组织(以下简称外国投资者)在中华人民共和国境内以中外合资、中外合作以及外商独资的形式设立从事租赁业务、融资租赁业务的外商投资企业,开展经营活动。香港特别行政区、澳门特别行政区、台湾地区的公司、企业和其他经济组织在内地设立融资租赁公司,参照该办法执行。

根据《商务部关于下放外商投资举办投资性审批公司审批权限的通知》(商资函[2009]8号)的有关规定,2010年3月6日以后,外商投资的融资租赁公司的审批权限下放到省级商务主管部门。

【例1】例如,鑫桥联合融资租赁有限公司等即是由商务部审批和监管的外商投资融资租赁公司。截至2015年年末,我国共有外商投资的融资租赁公司4271家(因数量较多,具体名单省略)。

(2)金融租赁公司:由银监会(继承中国人民银行)审批和监管。银监会对2007年发布的《金融租赁公司管理办法》进行修订完善,在广泛征求社会各界意见的基础上,于2014年3月13日正式发布:其中第二条规定:本办法所称金融租赁公司,是指经银监会批准,以经营融资租赁业务为主的非银行金融机构。金融租赁公司名称中应当标明"金融租赁"字样。未经银监会批准,任何单位不得在其名称中使用"金融租赁"字样。第六条规定:银监会及其派出机构依法对金融租赁公司实施监督管理。

【例2】工银租赁有限公司等是由银监会监管的金融租赁公司。截至2015年年末,我国共有金融租赁公司47家,具体名录如表2—1所示:

表2—1   我国金融租赁公司名录

序号	名称	注册时间(年)	注册地	注册资金(亿元人民币)
1	国银金融租赁有限公司	1984	深圳	80
2	华融金融租赁股份有限公司	1984	杭州	50
3	江苏金融租赁有限公司	1985	南京	20
4	中国外贸金融租赁有限公司	1986	北京	15.07
5	山西金融租赁有限公司	1993	太原	5
6	河北省金融租赁有限公司	1995	石家庄	15
7	工银金融租赁有限公司	2007	天津	110
8	建信金融租赁股份有限公司	2007	北京	45
9	交银金融租赁有限责任公司	2007	上海	60
10	民生金融租赁股份有限公司	2007	天津	50.95
11	招银金融租赁有限公司	2007	上海	40
12	长城国兴金融租赁有限公司	2008	乌鲁木齐	15.19
13	光大金融租赁股份有限公司	2010	武汉	37
14	兴业金融租赁有限责任公司	2010	天津	50
15	信达金融租赁有限公司	2010	兰州	35
16	农银金融租赁有限公司	2010	上海	20
17	昆仑金融租赁有限责任公司	2010	重庆	60
18	皖江金融租赁有限公司	2011	芜湖	30
19	北部湾金融租赁有限公司	2011	南宁	10
20	浦银金融租赁股份有限公司	2011	上海	29.5
21	华夏金融租赁有限公司	2013	昆明	30
22	中国金融租赁有限公司	2013	天津	20
23	邦银金融租赁股份有限公司	2013	天津	10
24	北银金融租赁股份有限公司	2014	北京	20
25	哈银金融租赁有限责任公司	2014	哈尔滨	20
26	珠江金融租赁有限公司	2014	广州	10
27	渝农商金融租赁有限责任公司	2014	重庆	25
28	太平石化金融租赁有限责任公司	2014	上海	50
29	洛银金融租赁股份有限公司	2014	洛阳	6
30	交银航空航运金融租赁有限责任公司	2014	上海	5
31	中信金融租赁有限公司	2015	天津	40
32	湖北金融租赁股份有限公司	2015	武汉	30
33	横琴华通金融租赁有限公司	2015	珠海	20
34	苏州金融租赁有限公司	2015	苏州	15
35	苏兴金融租赁有限公司	2015	南京	12.5
36	江南金融租赁有限公司	2015	常州	10
37	长江联合金融租赁有限公司	2015	上海	10
38	华运金融租赁股份有限公司	2015	天津	10
39	西藏金融租赁有限公司	2015	拉萨	10
40	永赢金融租赁有限公司	2015	宁波	10
41	锦银金融租赁有限公司	2015	沈阳	10
42	江西金融租赁有限公司	2015	南昌	10

续表

序号	名称	注册时间(年)	注册地	注册资金(亿元人民币)
43	山东江通金融租赁有限公司	2015	济南	10
44	冀银金融租赁有限公司	2015	石家庄	10
45	招银航空航运金融租赁有限公司	2015	上海	5
46	华融航运金融租赁有限公司	2015	上海	3

(3)内资试点的融资租赁公司:由商务部和国家税务总局联合试点。为了更好地发挥租赁业在扩大内需、促进经济发展中的作用,支持内资租赁业快速健康发展,商务部、国家税务总局2004年10月22日颁布了《关于从事融资租赁业务有关问题的通知》,对融资租赁公司进行试点。

【例3】自2004年12月开始,截至2015年3月,我国共进行了13批内资试点的融资租赁公司的认定,具体批次及相关企业名录如表2—2所示。

表2—2 我国内资试点的融资租赁公司

批次	发布时间	试点企业
第一批 商建发[2004]699号	2004年12月30日,9家	万向租赁有限公司 西北租赁有限公司 天津津投永安租赁有限公司 青海昆仑租赁有限责任公司 上海金海岸企业发展股份有限公司 (后更名为:上海融联租赁股份有限公司) 中航技国际租赁有限公司 长江租赁有限公司 联通租赁集团有限公司 长行汽车租赁有限公司
第二批 商建发[2006]195号	2006年4月20日,11家	远中租赁有限公司 北京中联新兴建设机械租赁有限公司 [后更名为:中联重科融资租赁(北京)有限公司] 北京恒通华泰汽车租赁有限公司 (后更名为:华泰现代租赁有限公司) 上海电气设备租赁有限公司 安吉租赁有限公司 安徽兴泰租赁有限公司 福州开发区宏顺设备租赁有限公司 江西省设备租赁公司(后更名为:江西省海济租赁有限公司) 山东浪潮租赁有限公司

续表

批次	发布时间	试点企业
第二批 商建发[2006]195号	2006年4月20日,11家	山东通发租赁有限公司(后更名为:长城融资租赁有限责任公司) 重庆银海租赁有限公司
第三批 商建函[2006]202号	2007年1月4日,4家	山东融世华租赁有限公司 华远租赁有限公司 浙江元通汽车租赁有限公司 中国铁路工程机械租赁中心(后更名为中国铁工建设有限公司,2013年1月31日起取消内资融资租赁业务试点企业资格)
第四批 商建函[2007]95号	2007年8月7日,2家	吉林新纪元租赁有限公司 国泰租赁有限公司
第五批 商建函[2008]46号	2008年9月27日,11家	中国水电建设集团租赁控股有限公司 新力博交通装备投资租赁有限公司 中国北车集团租赁有限责任公司 首汽租赁有限责任公司 新疆亚中融资租赁股份有限公司 新疆新能租赁有限公司 浙江裕华设备租赁有限公司 厦门厦工租赁有限公司(后更名为:厦门海翼融资租赁有限公司) 江苏徐工工程机械租赁有限公司 天津渤海租赁有限公司(后更名为:渤海租赁股份有限公司) 尚邦租赁有限公司
第六批 商建函[2009]51号	2009年12月25日,8家	山推租赁有限公司(后更名为:同鑫融资租赁有限公司) 福建融信设备租赁股份有限公司 大新华船舶租赁有限公司(后更名为:浦航租赁有限公司) 成都工投融资租赁有限公司 唐山庞大乐业租赁有限公司 重庆市交通设备租赁有限公司 丰汇租赁有限公司 中原租赁有限公司
第七批 商建函[2011]23号	2011年1月20日,8家	山东山工租赁有限公司 山东汇银租赁有限公司 中投租赁有限责任公司 吉运租赁(集团)股份有限公司 上海金易达租赁有限公司 上海中兴租赁有限公司 福建海峡设备租赁有限公司 成都汇银设备租赁有限公司

续表

批次	发布时间	试点企业
第八批 商流通函[2011]1083号	2011年12月12日,13家	天津天保租赁有限公司 天津泰达租赁有限公司 融鑫汇(天津)租赁有限公司 旺世设备租赁有限公司 银丰租赁有限公司 京能源深设备租赁有限公司 金鼎租赁有限公司 上海益流设备租赁有限公司 江苏烟草金丝利租赁有限公司 中能租赁有限公司 江西省鄱阳湖融资租赁有限公司 陕西德银租赁有限公司 新疆鼎源设备租赁有限公司
第九批 商流通函[2012]1083号	2012年8月6日,14家	北京中车信融汽车租赁有限公司 东森海润租赁有限公司 荣达租赁有限公司 联通物产租赁有限公司 天津佳永租赁有限公司 河北融投租赁有限公司 上海国金租赁有限公司 浙江物产融资租赁有限公司 浙江省铁投租赁有限公司 海宁康安建筑机械租赁有限公司 福州广江苑工程设备有限公司 青岛中投融资租赁有限公司 武汉光谷融资租赁有限公司 广汇汇通租赁有限公司
第十批 商流通函[2013]49号	2013年1月31日,19家	中关村科技租赁(北京)有限公司 英利小溪租赁有限公司 晋盛租赁有限公司 嘉丰租赁有限公司 庆汇租赁有限公司 沈阳恒信租赁有限公司 辽宁融川融资租赁股份有限公司 江苏宝涵租赁有限公司 苏州融华租赁有限公司 南京隆安租赁有限公司 南京天元租赁有限公司 浙江香溢租赁有限责任公司 安徽正奇设备租赁有限公司 国农租赁有限公司 河南国控设备租赁有限公司 郑州广通汽车租赁有限公司 海航思福汽车租赁有限公司 四川孚临工程机械租赁有限公司 贵州黔贵交通设备融资租赁有限公司

批次	发布时间	试点企业
第十一批 商流通函[2013]755 号	2013 年 9 月 11 日,25 家	北京农投租赁有限公司 德海租赁有限公司 通和租赁股份有限公司 河北卓邦华琦机械设备租赁有限公司 融丰租赁有限公司 中弘租赁有限公司 中程租赁有限公司 上海摩恩租赁股份有限公司 上海万方船舶租赁有限公司 南京民生租赁股份有限公司 张家港华晟租赁有限公司 浙江浙能融资租赁有限公司 杭州城投租赁有限公司 浙江万融租赁有限公司 安徽合泰设备租赁有限公司 安徽众信租赁有限公司 芜湖亚夏融资租赁有限公司 安徽华通租赁有限公司 安徽德润租赁股份有限公司 福建万宇租赁有限公司 江西省易泰租赁有限公司 青岛青建租赁有限公司 湖北永盛融资租赁有限公司 广州广汽租赁有限公司 珠海恒源设备租赁有限公司
第十二批 商流通函[2014]384 号	2014 年 7 月 7 日,29 家	世欣合汇租赁有限公司 北京鼎泰鑫机械设备租赁有限公司 天津天士力租赁有限公司 天津高新区融鑫设备租赁有限公司 中水电融通租赁有限公司 天津市良好投资发展有限公司 邯郸市美食林租赁有限公司 中盛租赁有限公司 黑龙江鼎信租赁股份有限公司 中海集团租赁有限公司 上海地铁租赁有限公司 中建设设备租赁(上海)有限责任公司 常熟市德盛租赁有限公司 南通国润租赁有限公司 江苏淮海融资租赁有限公司 浙江大盛汽车租赁有限公司 浙江宝利德汽车租赁有限公司 宁波东银租赁有限责任公司 安徽中财租赁有限责任公司 安徽皖新租赁有限公司 福建润创租赁有限公司

续表

批次	发布时间	试点企业
第十二批 商流通函[2014]384号	2014年7月7日,29家	昌乐英轩设备租赁有限公司 湖北华康远达融资租赁有限公司 经开租赁有限公司 华宝干祺租赁(深圳)有限公司 四川金石租赁有限责任公司 四川海特租赁有限公司 四川盘古设备租赁有限公司 四川御丰泰机械设备租赁有限公司
第十三批 商流通函[2015]75号	2015年3月2日,39家	北京中煤设备租赁有限责任公司 天津大通融汇租赁有限公司 天津财信汇通租赁有限公司 维租(天津)租赁有限公司 石家庄宝德设备租赁有限公司 内蒙古融资租赁有限责任公司 辽宁方大融资租赁有限公司 汇鼎租赁有限公司 荣信租赁有限公司 国信租赁有限公司 银河租赁有限公司 上海云城设备租赁有限公司 江苏国鑫融资租赁有限公司 江苏凤凰文贸租赁有限公司 南京华虹租赁有限公司 杭州中小企业租赁有限公司 安徽津安融资租赁有限公司 中浩环球租赁(福建)有限公司 福建喜相逢汽车服务有限公司 泉州市闽侨资产租赁有限公司 山东地矿租赁有限公司 东方圣城租赁有限公司 山东恒顺租赁有限公司 临沂华盛江泉租赁有限公司 城发集团(青岛)融资租赁有限公司 武汉中泰和融资租赁有限公司 湖北高投融资租赁有限公司 湖北华融嘉和融资租赁有限公司 湖北万民融资租赁有限公司 广东恒和租赁有限公司 东风南方投资控股有限公司 中核建银融资租赁股份有限公司 民商(重庆)租赁有限公司 重庆鸿晔锦盛融资租赁有限公司 四川苏福设备租赁有限公司 宜宾市华明建筑设备租赁有限公司

续表

批次	发布时间	试点企业
第十三批 商流通函[2015]75号	2015年3月2日,39家	泰康消防化工租赁集团融资租赁有限公司 宁夏三实租赁有限公司 新疆生产建设兵团第十三师天元设备租赁有限公司

注:商流通函[2015]75号中明确表示,今后商务部不再对开展试点申报工作另行下发通知,各地商务主管部门可按照相关文件要求,随时报送符合条件企业的申报试点材料。意味着融资租赁内资试点企业的申报工作环境,又得到了进一步的松绑和改善。

22. 三种不同类型融资租赁公司有哪些相同点和不同点

外商投资融资租赁公司、金融租赁公司、内资试点融资租赁公司这三类融资租赁公司的相同点是:遵守同样的交易规则,遵守同样的会计准则,按同样的方式纳税。不同点主要在于:审批部门不同,企业性质不同,经营业务范围有差别,例如外商投资的融资租赁公司可以引进外资等。

【例】三类租赁公司的不同点参见表2—3。

表2—3 三类融资租赁公司的相同点和不同点比较

	外商投资融资租赁公司	金融租赁公司	内资试点融资租赁公司
交易规则	按《合同法》第14章	按《合同法》第14章	按《合同法》第14章
会计处理	《企业会计准则——租赁》	《企业会计准则——租赁》	《企业会计准则——租赁》
税收	增值税	增值税	增值税
审批部门	商务部	银监会	商务部、国家税务总局
企业性质	外商投资企业	非银行金融机构	商业中介服务机构
经营范围	《外商投资租赁业管理办法》规定外商投资融资租赁公司可以经营下列业务:"(1)融资租赁业务;(2)租赁业务;(3)向国内外购买租赁财产;(4)租赁财产的残值处理及维修;(5)租赁交易咨询和担保;(6)经审批部门批准的其他业务。"同时明确了外商投资融资租赁公司的租赁财产,包括生产设备、通信设备、医疗设	《金融租赁公司管理办法》第二十六条规定,经银监会批准,金融租赁公司可经营下列部分或全部本外币业务:(1)融资租赁业务;(2)转让和受让融资租赁资产;(3)固定收益类证券投资业务;(4)接受承租人的租赁保证金;(5)吸收非银行股东3个月(含)以上定期存款;(6)同业拆借;(7)向金融机构借款;(8)境外借款;	《融资租赁企业监督管理办法》规定:融资租赁企业应当以融资租赁等租赁业务为主营业务,开展与融资租赁和租赁业务相关的租赁财产购买、租赁财产残值处理与维修、租赁交易咨询和担保、向第三方机构转让应收账款、接受租赁保证金及经审批部门批准的其他业务。融资租赁企业不得从事吸收存款、

续表

经营范围	备、科研设备、检验检测设备、工程机械设备、办公设备等各类动产；飞机、汽车、船舶等各类交通工具；其中动产和交通工具附带的软件、技术等无形资产，但附带的无形资产价值不得超过租赁财产价值的二分之一。	(9)租赁物变卖及处理业务；(10)经济咨询。第二十七条规定：经银监会批准，经营状况良好、符合条件的金融租赁公司可以开办下列部分或全部本外币业务：(1)发行债券；(2)在境内保税地区设立项目公司开展融资租赁业务；(3)资产证券化；(4)为控股子公司、项目公司对外融资提供担保；(5)银监会批准的其他业务。同时，金融租赁公司业务经营中涉及外汇管理事项的，需遵守国家外汇管理有关规定。	发放贷款、受托发放贷款等金融业务。未经相关部门批准，融资租赁企业不得从事同业拆借等业务。严禁融资租赁企业借融资租赁的名义开展非法集资活动。

23. 设立金融机构融资租赁公司需要具备哪些条件

《金融租赁公司管理办法》对申请设立金融租赁公司应具备的条件：出租人、注册资本、所需章程、从业人员、组织机构、营业场所及其他所需条件进行了相关规定。

【例】《金融租赁公司管理办法》中对设立金融租赁公司应具备条件的规定如表2—4所示：

表2—4　设立金融租赁公司应具备的条件

项目	相关规定
发起人	具有符合本办法规定的发起人(发起人规定如表2-5所示)；
注册资本	注册资本为一次性实缴货币资本，最低限额为1亿元人民币或等值的可自由兑换货币；
所需章程	具有符合《中华人民共和国公司法》和银监会规定的章程；
从业人员	有符合任职资格条件的董事、高级管理人员，并且从业人员中具有金融或融资租赁工作经历3年以上的人员应当不低于总人数的50%；
组织机构	建立了有效的公司治理、内部控制和风险管理体系；建立了与业务经营和监管要求相适应的信息科技架构，具有支撑业务经营的必要、安全且合规的信息系统，具备保障业务持续运营的技术与措施；
营业场所	有与业务经营相适应的营业场所、安全防范措施和其他设施；
其他条件	银监会规定的其他审慎性条件。

《金融租赁公司管理办法》对不同类型金融租赁公司出资人的准入条件做出了相应的规定：

表2—5　金融租赁公司发起人分类及准入条件

出资人类型	准入条件
中国境内外注册的具有独立法人资格的商业银行	(1)满足所在国家或地区监管当局的审慎监管要求； (2)具有良好的公司治理结构、内部控制机制和健全的风险管理体系； (3)最近1年年末总资产不低于800亿元人民币或等值的可自由兑换货币； (4)财务状况良好，最近2个会计年度连续盈利； (5)为拟设金融租赁公司确定了明确的发展战略和清晰的盈利模式； (6)遵守注册地法律法规，最近2年内未发生重大案件或重大违法违规行为； (7)境外商业银行作为发起人的，其所在国家或地区金融监管当局已经与银监会建立良好的监督管理合作机制； (8)入股资金为自有资金，不得以委托资金、债务资金等非自有资金入股； (9)承诺5年内不转让所持有的金融租赁公司股权、不将所持有的金融租赁公司股权进行质押或设立信托，并在拟设公司章程中载明； (10)银监会规定的其他审慎性条件。
在中国境内注册的、主营业务为制造适合融资租赁交易产品的大型企业	(1)有良好的公司治理结构或有效的组织管理方式； (2)最近1年的营业收入不低于50亿元人民币或等值的可自由兑换货币； (3)财务状况良好，最近2个会计年度连续盈利； (4)最近1年年末净资产不低于总资产的30%； (5)最近1年主营业务销售收入占全部营业收入的80%以上； (6)为拟设金融租赁公司确定了明确的发展战略和清晰的盈利模式； (7)有良好的社会声誉、诚信记录和纳税记录； (8)遵守国家法律法规，最近2年内未发生重大案件或重大违法违规行为； (9)入股资金为自有资金，不得以委托资金、债务资金等非自有资金入股； (10)承诺5年内不转让所持有的金融租赁公司股权、不将所持有的金融租赁公司股权进行质押或设立信托，并在拟设公司章程中载明； (11)银监会规定的其他审慎性条件。
中国境外注册的具有独立法人资格的融资租赁公司	(1)具有良好的公司治理结构、内部控制机制和健全的风险管理体系； (2)最近1年年末总资产不低于100亿元人民币或等值的可自由兑换货币； (3)财务状况良好，最近2个会计年度连续盈利； (4)遵守注册地法律法规，最近2年内未发生重大案件或重大违法违规行为； (5)所在国家或地区经济状况良好； (6)入股资金为自有资金，不得以委托资金、债务资金等非自有资金入股； (7)承诺5年内不转让所持有的金融租赁公司股权、不将所持有的金融租赁公司股权进行质押或设立信托，并在拟设公司章程中载明； (8)银监会规定的其他审慎性条件。

续表

出资人类型	准入条件
其他境内法人机构	(1)有良好的公司治理结构或有效的组织管理方式； (2)有良好的社会声誉、诚信记录和纳税记录； (3)经营管理良好，最近2年内无重大违法违规经营记录； (4)财务状况良好，且最近2个会计年度连续盈利； (5)入股资金为自有资金，不得以委托资金、债务资金等非自有资金入股； (6)承诺5年内不转让所持有的金融租赁公司股权，不将所持有的金融租赁公司股权进行质押或设立信托，并在公司章程中载明； (7)银监会规定的其他审慎性条件； 注：其他境内法人机构为非金融机构的，最近1年年末净资产不得低于总资产的30%；其他境内法人机构为金融机构的，应当符合与该类金融机构有关的法律、法规、相关监管规定要求。
其他境外金融机构	(1)满足所在国家或地区监管当局的审慎监管要求； (2)具有良好的公司治理结构、内部控制机制和健全的风险管理体系； (3)最近1年年末总资产原则上不低于10亿美元或等值的可自由兑换货币； (4)财务状况良好，最近2个会计年度连续盈利； (5)入股资金为自有资金，不得以委托资金、债务资金等非自有资金入股； (6)承诺5年内不转让所持有的金融租赁公司股权、不将所持有的金融租赁公司股权进行质押或设立信托，并在公司章程中载明； (7)所在国家或地区金融监管当局已经与银监会建立良好的监督管理合作机制； (8)具有有效的反洗钱措施； (9)所在国家或地区经济状况良好； (10)银监会规定的其他审慎性条件。

有以下情形之一的企业不得作为金融租赁公司的发起人：(1) 公司治理结构与机制存在明显缺陷；(2)关联企业众多、股权关系复杂且不透明、关联交易频繁且异常；(3)核心主业不突出且其经营范围涉及行业过多；(4)现金流量波动受经济景气影响较大；(5)资产负债率、财务杠杆率高于行业平均水平；(6)其他对金融租赁公司产生重大不利影响的情况。

24. 什么是金融租赁公司专业子公司

根据《金融租赁公司专业子公司管理暂行规定》，金融租赁公司专业子公司，是指金融租赁公司依照相关法律法规在中国境内自由贸易区、保税地区及境外,为从事特定领域融资租赁业务而设立的专业化租赁子公司。特定领域,是指金融租赁公司已开展且运营相对成熟的融资租赁业务领域,包括飞机、船舶以及经银监会认可的其他租赁业务领域。专业子公司的名称,应当体现所属金融租赁公司以及所从事的特定融资租赁业务领域。

25. 申请设立专业子公司的金融租赁公司,应当具备哪些条件

【例】金融租赁公司申请设立境内、境外专业子公司,应当具备以下条件:

地域	应具备条件
设立境内专业子公司	1. 具有良好的公司治理结构、风险管理和健全有效的内部控制; 2. 具有良好的并表管理能力; 3.《金融租赁公司管理办法》规定的各项监管指标达标; 4. 权益性投资余额原则上不超过净资产(合并会计报表口径)的50%; 5. 在业务存量、人才储备等方面具备一定优势,在专业化管理、项目公司业务开展等方面具有成熟的经验,能够有效支持专业子公司开展特定领域的融资租赁业务; 6. 入股资金为自有资金,不得以委托资金、债务资金等非自有资金入股; 7. 遵守国家法律法规,最近2年内未发生重大案件或重大违法违规行为; 8. 银监会规定的其他审慎性条件。
设立境外专业子公司	除适用设立境内专业子公司应具备的条件外,还应具备以下条件: 1. 确有业务发展需要,具备清晰的海外发展战略; 2. 内部管理水平和风险管控能力与境外业务发展相适应; 3. 具备与境外经营环境相适应的专业人才队伍; 4. 经营状况良好,最近2个会计年度连续盈利; 5. 所提申请符合有关国家或地区的法律法规。

26. 设立外商投资融资租赁公司需要具备哪些条件

2013年7月11日,商务部办公厅发布了《关于加强和改善外商投资融资租赁公司审批与管理工作的通知》,通知指出,各地在审批外资融资租赁公司时,要切实履行外商投资租赁业行业主管和外资主管部门职责,参照《外商投资融资租赁公司准入审批指引》开展工作。

【例】《外商投资租赁业管理办法》中对设立外商投资融资租赁公司条件的规定如表2—8所示：

表2—8　外商投资融资租赁公司的设立条件

项目	相关规定
股东条件	存续未满一年的投资者暂不具备申报条件。符合条件的外方投资者境外母公司以其全资拥有的境外子公司(SPV)名义投资设立融资租赁公司,可不要求存续满一年。
股东资产	投资各方应向审批机关提供投资各方经会计师事务所审计的最近一年的审计报告,审计报告显示资不抵债的不符合申请资格。外方投资者的总资产不得低于500万美元。
注册资本	符合《公司法》的有关规定及外商投资企业注册资本和投资总额的有关规定,注册资本不低于1000万美元,外商投资比例不得低于25%。
经营期限	有限责任公司形式的外商投资租赁公司的经营期限一般不超过30年。
从业人员	拥有相应的专业人员,高级管理人员应具有相应专业资质和不少于3年的从业经验。

27. 如何设立外商投资融资租赁公司

外商投资融资租赁公司一般为有限责任公司或股份有限公司的形式,根据《外商投资租赁业管理办法》规定,设立外商投资融资租赁公司应向审批部门报送符合规定的材料,并按照规定的程序进行。

【例】外商投资融资租赁公司应向审批部门报送的材料和程序如表2—9所示：

表2—9　外商投资融资租赁公司申报材料和程序

项目	相关规定
应提交的材料	(1)申请书; (2)投资各方签署的可行性研究报告(需涵盖拟设公司的未来业务发展规划、拟开展业务的行业和领域、组织管理架构、效益分析以及风险控制能力分析等主要内容); (3)合同、章程(外资企业只报送章程); (4)投资各方的银行资信证明、注册登记证明(复印件)、法定代表人身份证明(复印件);

续表

项目	相关规定
应提交的材料	(5)投资各方经会计师事务所审计的最近一年的审计报告； (6)董事会成员名单及投资各方董事委派书； (7)高级管理人员的资历证明； (8)工商行政管理部门出具的企业名称预先核准通知书； (9)申请成立股份有限公司的，还应提交有关规定要求提交的其他材料。
申报程序	(1)由投资者向拟设立企业所在地的省级商务主管部门报送全部材料； (2)省级商务主管部门对报送的申请文件进行初审后，自收到全部申请文件之日起15个工作日内将申请文件和初审意见上报商务部； (3)商务部应自收到全部申请文件之日起45个工作日内做出是否批准决定，批准设立则颁发《外商投资企业批准证书》，不予批准则书面说明原因； (4)外商投资租赁公司和外商投资融资租赁公司应在收到《外商投资企业批准证书》之日起30个工作日内到工商行政管理部门办理登记注册手续。

注：①《外商投资租赁业管理办法》规定："外商投资融资租赁公司根据承租人的选择，进口租赁财产涉及配额、许可证等专项政策管理的，应由承租人或融资租赁公司按有关规定办理申领手续。外商投资租赁公司进口租赁财产，应按现行外商投资企业进口设备的有关规定办理。"

②同一投资者及其母公司在境内设立两家以上融资租赁公司，须提供已设立融资租赁公司的审计报告、验资报告(须按期到位)、业务情况说明。新设公司的业务领域应与已设公司有明显区别。

③注册资本5000万美元以下外商投资融资租赁公司的设立及变更事项由省级商务主管部门负责审核、管理。注册资本5000万美元(不含5000万美元)以上外商投资融资租赁公司由商务部负责审核、管理。

28.内资融资租赁试点企业的认定需要具备哪些条件

根据商务部、国家税务总局颁布的《关于从事融资租赁业务有关问题的通知》中的规定，从事融资租赁业务试点企业(以下简称融资租赁试点企业)应当在注册资本、相关制度、从业人员、股东要求等方面符合相应规定的条件。

【例】内资融资租赁试点企业应具备的条件如表2—10所示：

表2—10　设立融资租赁试点企业的规定

项目	相关规定
注册资本	2001年8月31日(含)前设立的内资租赁企业最低注册资本金应达到4000万元,2001年9月1日至2003年12月31日期间设立的内资租赁企业最低注册资本金应达到17000万元;
相关制度	具有健全的内部管理制度和风险控制制度;
从业人员	拥有相应的金融、贸易、法律、会计等方面的专业人员,高级管理人员应具有不少于三年的租赁业从业经验;
股东要求	近两年经营业绩良好,没有违法违规记录;具有与所从事融资租赁产品相关联的行业背景;
其他条件	法律法规规定的其他条件。

注: 2004年后, 商务部对新设立的内资租赁公司要求最低注册资本金为17000万元。

29.如何认定内资融资租赁试点企业

根据商务部、国家税务总局颁布的《关于从事融资租赁业务有关问题的通知》要求,内资融资租赁试点企业的筹建,由省级商务主管部门推荐融资租赁试点企业,上报推荐函及相关规定材料,被推荐的企业经商务部、国家税务总局联合确认后,纳入融资租赁试点范围。

【例】内资融资租赁试点企业,除应上报推荐函以外,还应提交的材料如表2—11所示:

表2—11　融资租赁试点企业应提交的材料

序号	相关材料
1	企业从事融资租赁业务的申请及可行性研究报告;
2	营业执照副本(复印件);
3	公司章程,企业内部管理制度及风险控制制度文件;
4	具有资格的会计师事务所出具的近三年财务会计报告;
5	近两年没有违法违规记录证明;
6	高级管理人员的名单及资历证明。

30. 内资融资租赁试点企业资格是永久有效的吗

不是。根据《商务部、国家税务总局关于加强内资融资租赁试点监管工作的通知》，各地商务、税务主管部门要建立和完善试点企业退出机制，实行经营业绩年度考核制。对融资租赁业务在会计年度内未有实质性进展，以及发生违规行为的试点企业，各地商务、税务主管部门应及时将有关情况上报。商务部、国家税务总局将据此研究决定是否取消其试点资格，并适时调整试点企业名单。

【例】第三批认定的内资试点的融资租赁公司中，中国铁路工程机械租赁中心（现更名为中国铁工建设有限公司）近几年未开展融资租赁业务，根据内资融资租赁业务试点有关文件规定，《商务部税务总局关于确认及取消有关企业内资融资租赁业务试点资格的通知》（商流通函[2013]49号）自2013年1月31日起取消其内资融资租赁业务试点企业资格。

31. 设立融资租赁公司需要注意哪些问题

(1)明确投资动机。投资人应该明确设立融资租赁公司从事的是为股东和社会客户服务的设备购置、投资和资产管理业务。

【例1】融资租赁公司为设备厂商提供的是设备促销服务，为承租人提供的是集融资和融物为一体的融资服务，为银行和资金提供者提供的是资金投资和配置平台。

(2)选择机构性质。融资租赁公司的投资股东可以根据主管或监管部门的市场准入和审批管理办法的规定，根据自身优势、市场定位、业务模式等因素，选择向银监会申请设立金融机构的融资租赁公司，也可以选择向商务部申请设立非金融机构的外商投资的融资租赁公司或内资融资租赁公司试点企业。

【例2】金融租赁公司市场准入门槛比较高，监管严，市场公信力比较好（主要靠品牌和业绩），资金来源渠道较多。金融控股企业、大型企业集团可以选择设立金融租赁公司，搭建金融混业或产融结合的运作平台。非金融机构的内资或外商投资的融资租赁公司，准入门槛相对较低，适合厂商、财务投资企业、专业投资机构设立专业化或区域化的融资租赁公司。

(3)引进战略投资者。融资租赁公司引进战略投资者,具有十分重要的意义,一是有利于优化融资租赁公司法人治理结构;二是通过引入战略投资者,可以帮助融资租赁公司迅速扩大规模;三是有利于融资租赁公司提升业务技术水平和管理水平;四是有利于融资租赁公司建立新的融资平台。产品、市场、资金、管理、信誉五项是考察融资租赁公司战略投资者的基本条件。

【例3】以金融租赁公司引进战略投资者为例,在确保符合《公司法》《金融租赁管理办法》等法律法规和银行业监管当局有关规定的前提下,适合金融租赁公司引进的战略投资者,大致有三类,如表2—12 所示:

表 2—12 金融租赁公司战略投资者分类

战略投资者分类	基本要求及作用	相关案例
主营业务为制造适合融资租赁交易产品的大型企业	自有资金充足,市场占有率高,经营状况良好,管理科学规范,盈利能力较强。	民生银行的战略合作伙伴天津保税区投资有限公司是天津中天航空工业投资公司的大股东,后者则是空客 A320 系列飞机天津总装线项目持股49%的中方合作伙伴。民生租赁可借助于天津保税区投资有限公司,拓展经营范围,进入飞机、船舶等增长潜力巨大的业务领域。
合格的境内金融机构	通过引进此类战略投资者,实现企业文化的交融,经营理念的创新,提升资本、管理、技术、产品、服务及网络的竞争力。	商业银行、投资银行、信托公司、保险公司、财务公司、投资基金等。
合格的境外金融机构和租赁公司	符合中国银监会《境外金融机构投资入股中资金融机构管理办法》有关规定的境外金融机构。引入境外战略投资者,可以改善金融租赁公司的股权结构,补充金融租赁公司资本金,完善法人治理结构和经营管理机制,解决金融租赁公司外部监督不力的问题,还可以引进国外金融机构的现代金融管理人才,先进的管理理念和管理技术,科学的经营方式和商业模式,具有市场竞争力的金融产品。	建信金融租赁公司由中国建设银行与美国银行出资设立,在合资过程中,美国银行为其提供了大量技术援助。

(4)公司设立可借用中介服务。融资租赁公司的设立涉及股权结构设计,引进战略投资人,统一未来的市场定位、运作模式,做出正确的投资决策,编制可行性研究报告,申报文件,以及与融资租赁相关的法律、会计、税收、监管等诸多问题和事项,专业性强。一般企业往往缺乏融资租赁的专业人才。因此,融资租赁公司的设立可以通过一些中介机构来进行。

【例】投资企业可通过咨询相关的租赁行业协会组织,聘请精通融资租赁业务的专家、咨询顾问公司、律师事务所协助办理前期筹备、公司申报事宜。如律师事务所能够提供的融资租赁方面的咨询服务如表2—13所示:

表2—13 律师事务所可提供的融资租赁方面的咨询服务

服务项目	详细内容
融资租赁公司设立方面	(1)根据投资方的自身优势、市场定位、业务模式等因素为投资方提供公司投资形式、投资可行性相关的法律咨询意见及方案设计; (2)策划融资租赁公司的股权构架方案; (3)代投资方起草、修改公司章程、股东协议等相关法律文件; (4)代办有关融资租赁公司设立的相关审批及工商手续;
融资租赁公司经营管理方面	(1)为公司与他方之间的合同、协议提供意见或建议; (2)为公司审阅、修改合同、协议、章程等法律文件; (3)参与公司与他方的商务谈判; (4)当公司与他方发生纠纷时,以非诉讼形式协助公司对外交涉、谈判; (5)为公司提供并解释与融资租赁业务相关的我国法律法规和行政规章;
融资租赁项目专项服务	(1)融资租赁项目的推荐,寻找承租人; (2)对融资租赁公司拟进行的融资租赁项目进行尽职调查、评估,并出具法律意见; (3)根据客户需要参与项目谈判,并提供法律意见; (4)起草融资租赁协议等相关法律文件,并为公司建立和完善长期使用的融资租赁合同、买卖合同等合同范本。

32. 根据股东背景不同划分,融资租赁公司有哪些类型

按股东背景不同进行划分,融资租赁公司分为三类:第一类是主要股东为银行的银行系租赁公司,第二类是主要股东为设备制造厂商的厂商系租赁公司,第三类是主要股东既非银行也非厂商的独立第三方租赁公司。

【例】不同类型融资租赁公司的代表企业及业务特点如表2—14所示

表2—14 三种类型的融资租赁公司代表企业及业务特点

类型	代表企业	业务特点
主要股东为银行的银行系租赁公司	国银租赁、工银租赁	对大股东银行的依赖性较强,业务项目来源于股东银行内部推荐,客户定位于国有大中型企业,业务集中于飞机、基础设施等大资产、低收益的大型设备领域,业务类型分布以回租赁为主。
主要股东为设备制造厂商的厂商系租赁公司	中联重科租赁、西门子租赁、卡特彼勒租赁	其客户绝大部分集中于设备厂商的自有客户,租赁物件一般为厂商自身设备,以直租赁交易结构为主。
主要股东既非银行也非厂商的独立第三方租赁公司	渤海租赁、华融租赁	为客户提供包括直租赁、回租赁等在内的、量身定制的金融及财务解决方案,满足客户的多元化、差异化的服务需求。其业务本质是以设备为载体提供融资服务,是金融资本和产业资本在市场上相互渗透与结合的产物。

33. 不同股东背景的融资租赁公司的经营定位是怎样的?

不同股东背景的融资租赁公司具备的优势、资金来源渠道、市场定位和服务的客户群体的租赁需求都不尽相同,主要的业务模式也会有很大的差异:

(1)银行系金融租赁公司。银行系金融租赁公司的主要客户目标应定位为高端客户,其业务可定位为项目租赁,主要包括飞机、基础设施、远洋船舶等。

【例1】××银行系租赁的公司定位是依托母行的资金实力、客户

资源、网络资源,在母行现有和将有的高端客户中选择××租赁的目标客户。××租赁的业务定位可以用"1＋N"来概括。"1"就是基础性业务,即围绕银行现有的高端、大型客户,提供融资租赁服务;"N"就是若干行业中,重点在航空、航运、工程机械、铁路等领域发展专业化的租赁业务。

(2)厂商背景的融资租赁公司。这类企业获得融资租赁业务牌照的主要目的是丰富销售手段,提高产品的市场竞争力,扩大产品的市场占有率。

【例2】近年来,工程机械厂商纷纷在我国市场开展融资租赁业务,外资厂商如卡特彼勒、现代,内资厂商如中联重科、柳工、龙工、厦工等都拥有自己的融资租赁公司。实践证明,当产业资本发展到非常强大的时候,发展以融资租赁为核心的金融业务,将使企业可以规避行业的周期性。

目前,中联重科融资租赁公司为我国大型的厂商背景的融资租赁公司,可以为中联重科生产的混凝土机械、工程起重机械、建筑起重机械、路面施工养护机械、基础施工机械、土方机械、专用车辆、城市环卫机械、消防设备、物料输送设备等产品的销售在全球范围内提供具有高附加值的金融服务。

(3)第三方融资租赁公司。这类企业应定位于服务于金融、贸易、产业的资产管理机构。

【例3】××第三方融资租赁公司,为客户提供项目包装、资金结构安排、财务报表调整及客户指定物件的融资租赁服务。其租赁对象一般为客户指定的医疗器械、电力设备、矿山设备、交通运输设备、市政建设设备等。

34. 融资租赁公司一般都有哪些业务部门

融资租赁公司的业务部门一般包括风险管理部门、内部控制部门、项目审批部门、资产管理部门、业务拓展部门及其他支持保障部门。

【例】××融资租赁公司的组织结构图2—1所示:

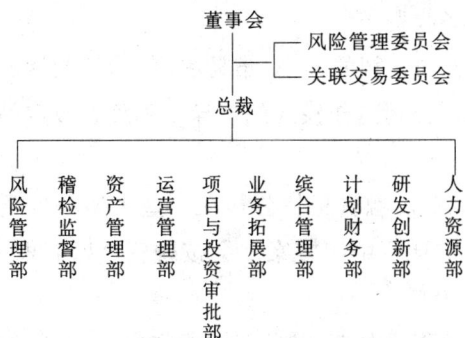

图 2—1　××融资租赁公司组织结构图

35. 融资租赁公司如何获得债权收益

融资租赁公司开展全额偿付的融资租赁业务,获取利差和租息收益即为获得债权收益。

【例】利差收益视风险的高低,一般在 1%～5% 左右。

36. 融资租赁公司如何获得余值收益

提高租赁物的余值处置收益,不仅是融资租赁风险控制的重要措施,同时也是融资租赁公司(特别厂商背景的专业融资租赁公司)重要的利润来源之一。

租赁物的余值处置对专业融资租赁公司来说,在承担风险的同时,也是新的利润再生点,租赁物经过维修、再制造后通过租赁公司再销售、再租赁可以获取更好的收益。

【例】根据融资租赁合同的交易条件和履约情况,设备回收后再租赁、再销售的实际收益,扣除应收未收的租金、维修等相关费用之后,余值处置的收益一般在 5%~25% 左右,有些大型通用设备如飞机、轮船等收益会更高一些。

37. 融资租赁公司如何获得服务收益

(1)租赁服务手续费。租赁服务手续费是所有融资租赁公司都有的一项合同管理服务收费。

【例1】根据合同金额的大小、难易程度、项目初期的投入的多少、风险的高低以及不同公司运作模式的差异，手续费收取的标准也不相同，一般在0.5%~3%

（2）财务咨询费。融资租赁公司在一些大型项目或设备融资中，会为客户提供全面的融资解决方案，会按融资金额收取一定比例的财务咨询费或项目成功费。

【例2】视项目金额大小，财务咨询费收取比例、收取方法会有不同，一般在0.25%~5%左右。财务咨询费可以成为专业投资机构设立的独立机构的融资租赁公司在开展租赁资产证券化、融资租赁与信托、债券与融资租赁组合、接力服务中重要的盈利手段之一，也可以成为金融机构类的融资租赁公司的重要的中间业务。

（3）贸易佣金。融资租赁公司作为设备的购买和投资方，促进了设备的流通，使生产厂家和供应商扩大了市场规模，实现了销售款的直接回流。收取销售的佣金或规模采购的折扣，或保险、运输的佣金也是其盈利手段的一种。

【例3】A融资租赁公司与B工程机械生产厂商签订了融资租赁外包协议，则A公司可通过融资租赁业务，从B公司那里获得相应的佣金或采购折扣。

（4）服务组合收费。组合服务是专业融资租赁公司重要的利润来源之一。主要是针对融资租赁公司在融资租赁过程中为承租人提供的考察、专业培训等服务收取的费用。

【例4】厂商背景的融资租赁公司在融资租赁合同中会提供配件和一定的耗材供应、考察、专业培训等服务。这些服务融资租赁公司要么单独收费，要么包括在设备定价之内。

38. 融资租赁公司如何获得运营收益

（1）资金筹措和运作。融资租赁公司营运资金的来源可以是多渠道的，因此，在资金筹措和运作过程中会产生一定的收益。

【例1】A融资租赁公司开展海上钻井平台的融资租赁项目，因项目涉及数额较大，项目中部分使用自有资金，另一部分通过向银行贷款补足，这样，A融资租赁公司就有了一个财务杠杆效应，不仅自有资金可以获取高于同期贷款的租息收益，借款部分也可以获取息差收益(融资租赁的租金费率一般都是相当于或高于同期贷款利率)。

(2)产品组合收益。融资租赁公司加强与其他金融机构合作，在资金筹措、加速资产周转、分散经营风险和盈利模式四个方面开发不同的产品组合和产品接力，同样可以获得很好的收益。

【例2】银行系金融租赁公司，可以利用母行的平台和资源，利用自身的资金优势，与其他金融工具包括信贷、信托、证券、保险等形成组合的金融产品，迅速渗透市场，抢占先机，扩展规模。

39. 融资租赁公司如何获得节税收益

在融资业务发展较为成熟的发达国家，非全额偿付的融资租赁业务(即：会计上的经营租赁业务)往往占融资租赁业务的很大比例，特别是有厂商背景的专业融资租赁公司可以达到60%到80%。根据会计准则中对经营租赁的规定，出租人提取折旧，承租人税前列支，这种双赢的特点，使得经营租赁业务保持巨大活力。同常规折旧相比较，在同一会计期间，加速折旧会使得折旧费用加大，企业能够在其他条件相同的情况下，所得税的税基减小，因而应缴纳的所得税金额相应减少。

【例】A融资租赁公司为B建筑公司提供一台大型挖掘机的经营租赁服务，则根据《企业会计准则第21号——租赁》，A融资租赁公司对该挖掘机提取或加速提取折旧做税前扣除，因此，可以获得节税收益。

40. 融资租赁公司如何获得风险收益

融资租赁业务的经营过程中，融资租赁公司可以根据项目的实际情况，通过一些融资租赁结构的安排，在提高其承担风险的同时，也获取较高的风险收益。主要包括或有租金和可转换租赁债。

【例】融资租赁公司的风险收益一般可包括或有租金和可转换租赁债。

（1）或有租金。是指金额不固定、以时间长短以外的其他因素(如销售百分比、使用量、物价指数等)为依据计算的租金。或有租金在实际发生时可以作为费用直接在税前列支。对出租人来说,融资租赁公司更多地介入了承租企业的租赁物使用效果的风险, 参与使用效果的收益分配。融资租赁公司风险加大,可能获取的收益也比较大。

（2）可转换租赁债。开展可转换租赁债业务是专业投资机构采取的一种控制投资风险、获取投资收益的新的投资方式。融资租赁公司对一些高风险的投资项目,可以对其所需设备先采用融资租赁方式,同时约定在某种条件下, 出租人可以将未实现的融资租赁债权按约定的价格实现债转股。这样做,可以获取项目成功后股权分红或股权转让的增值收益。

41. 我国租赁行业的自律性组织有哪些

我国租赁行业自律组织一般是指租赁行业协会,因我国租赁业起步较晚,所以自律性组织成立也比较晚,并且大都属于民间组织,一般和行业主管没有直接的人事和经济挂钩。

【例】2014 年 1 月 10 日,中国融资租赁企业协会正式成立,弥补了中国融资租赁业发展三十余年尚无统一全国性行业协会的空白。租赁企业协会是由在中国境内注册的融资租赁企业、相关的组织和人员自愿组成的全国性、行业性、非营利性社会组织,是目前我国融资租赁业内唯一的一个国家一级行业协会,主要接受业务主管单位商务部和社团登记管理机关民政部的业务指导和监督管理。

全国范围内融资租赁行业协会组织也存在多个。银监会监管范围内,有名为中国金融学会金融租赁专业委员会的行业自律组织,该协会由中国银监会和民政部批准设立。银监会批准的金融租赁公司可以直接成为其会员,而其他的融资租赁公司要成为会员则要缴纳会费。类似的,商务部监管的合资租赁企业范围内,也有名为中国外商投资企业协会的行业组织,协会下设租赁业委员会。此外,北京、上海、天津等地也成立了地方性的租赁行业协会。

第三章　融资租赁的业务操作

42. 融资租赁业务的基本流程是怎样的

(1)承租人、出租人双向选择。融资租赁业务可以由承租企业发起，也可以由融资租赁公司主动寻找客户。承租企业在确定采用融资租赁方式取得设备使用权的前提下，应认真选择租赁公司，了解租赁公司的以往业绩、融资条件、租赁费用等，并加以比较，选择适合自己的租赁公司；

(2)承租人提交租赁申请及资料。承租企业向租赁公司提出书面申请，并填写租赁申请书，并需提交所需的相关材料；

(3)出租人受理承租人的申请并展开调查。出租人受理承租人的租赁申请后，要对承租人的基本状况展开调查。租赁公司对承租企业的基本情况审查一般包括该企业的产业特点、经营状况、财务报表、现金流量、项目情况、偿还能力、担保等方面；

(4)租赁公司租赁项目的审查。租赁双方达成初步意向后，能否向企业提供租赁服务，需由租赁公司对租赁项目进行审查，以确保出租方的利益。审查的内容一般包括：承租人的资信情况、承租人的经营管理能力、承租人的盈利能力、承租人的关联企业、承租人的地域因素、承租人的债务状况等。经审查后认可，租赁公司对该融资租赁项目内部立项，并需完成内部的相关审批手续；

(5)签订相关合同。融资租赁需要签订两份合同，一是购货合同。购货合同应由承租人、出租人和供货商三者参加签订。在委托租赁的情况下，由租赁公司向供货商订购，并签订订货合同，同时由承租人副签；二是租赁合同。经过租赁公司审查,认为切实可行后,承租企业与租赁公司进入实质性谈判阶段。若双方达成共识,则签订租赁合同。租赁公司与供货方的供货合同,与贷款银行的贷款合同也应立即或同时签订。承租人与出租人签订的租赁合同是重要的法律文件,双方应对租赁合同的具体内容平等协商达成统一,租赁合同应重点协商租金、租金支付的方式、手续费率、租期、利息率等双方的权利、义务。

(6)融资购买设备支付货款。供货商应根据合同规定的日期,将设备直接交给承租企业,承租企业负责验货、办理交接手续,租赁公司根据此情况向供货商支付设备货款。

(7)支付租金。承租企业按合同规定的租金数额、支付方式等,向租赁公司支付租金。

(8)租赁期满租赁资产的处置。融资租赁合同期满时,承租企业应按租赁合同的规定,实行退租、续租或留购。

【例】融资租赁业务的基本流程图如图3—1所示:

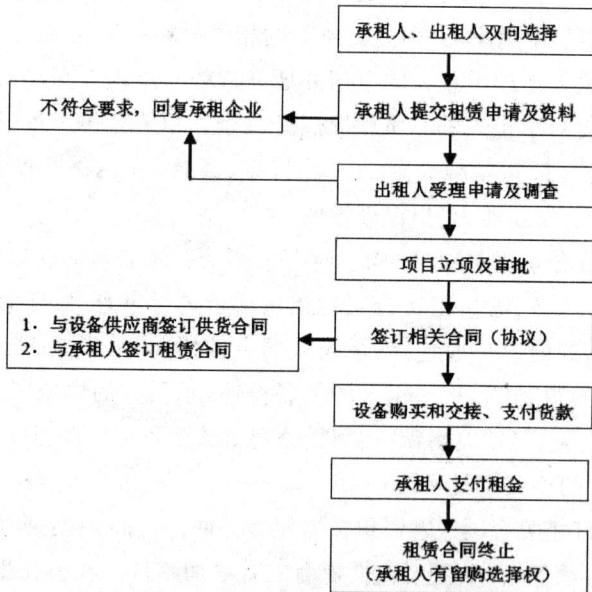

图3—1 融资租赁业务基本流程图

43. 融资租赁业务中涉及的重要参数有哪些

在融资租赁业务中,涉及的参数一般包括:起租比例、融资利率、租赁期限、手续费率、保险费率、保险期限、保证金比例、付款日期、留购价款比例、回购价款比例等。

【例】在融资租赁业务中,涉及的重要参数如表3—1所示:

表3—1 融资租赁业务中,涉及的重要参数

参数名称	一般规定	备注
起租比例	20%	承租人选择
租金利率	按现行贷款利率并适当上浮	
租赁期限	12~36个月	承租人选择
手续费率	0.5%~3%	
保险费率	按双方约定	
保险期限	租赁期限	
保证金比例	一般占租赁物概算价值的10%以上	
付款日期	按融资租赁合同执行	
留购价款	名义价格	
回购价款比例	按国家规定执行	

44. 融资租赁的租赁期限是怎样规定的

按照《中华人民共和国合同法》规定:租赁期限不得超过20年。超过20年的,超过部分无效。融资租赁的租赁期限的时间长度通常用月数或年数表示。在约定租赁期限的长度时,通常考虑的不是该租赁物的折旧年限,而是以下三个因素:

(1)承租人在自起租日起算的、运用包括租赁物在内的全部资产进行经营活动的未来年份里各年各期的现金流预期,即各年各期将有怎样的支付租金的能力;

(2)如何避免因租赁期限过长而加大租金中所含的财务费用;

(3)如何避免因租赁期限过短而丧失融资租赁项下固定资产可以加速折旧的优惠政策。

【例】租赁期限过长,则租金中所含财务费用就会加大,如资金占用期超过 5 年时,其计息利率会显著提高,目前,在融资租赁业务的实际操作中,根据租赁设备的性质,融资租赁的期限一般设置为 1~3 年。

45. 融资租赁项目评估的主要内容是什么

融资租赁项目评估,主要是对承租人的经营能力、资信水平、融资租赁项目的构成及合理性、项目的盈利能力和项目的外部环境进行评估。

【例】融资租赁项目评估的主要内容如表 3—2 所示

表 3—2 融资租赁项目评估的主要内容

评估指标	主要内容
经营能力	一般承租人为租赁物件配套的资金应大于租金物件概算成本的 1~2.5 倍,要核实企业的项目资金来源和筹资能力; 实行贷款证制度的地区,应核实企业的贷款规模和负债比例; 考察承租人的销售收入、投资、生产成本、税金等; 企业经营时间; 规模实力。
资信能力	财务报表、债务情况。
项目的构成及合理性	项目情况、综合还款能力、担保。
盈利能力	各生产销售环节对租赁项目盈利能力的影响。
内外部环境	外部环境:地域范围、行业地位、政策待遇、租赁物件二手市场。 内部环境:领导经验、租赁理念、财务规范、法律意识 。

46. 如何进行融资租赁项目评估

融资租赁项目的评估应与该项目的立项同步进行,在评估过程中,不断地对项目可行性和租赁条件对应调整,切合实际地正确评价项目,才能真正科学地选择项目,减少风险。评估主要步骤一般包括项目初评、实地考察、项目审批、合同签约、项目后评估 5 个部分。

【例】A 公司为融资租赁公司,B 公司为承租企业,需要通过融资租赁的方式租入一台大型设备,用于扩大再生产,则该融资租赁的项目评估一般应按如下步骤进行：

（1）项目初评。A融资租赁公司根据B公司提供的立项报告、项目建议书及其他相关资料，通过当面洽谈，摸清项目的基本情况，将调查数据与同类项目的经验数据比较，进行简便估算，结合一般的感性认识对项目初评。

其中，项目建议书应包括如下内容：

> 项目背景

> 项目各方关系及情况

> 所涉行业概述

> 租赁物及其主要特点

> 资金安排及成本效益测算

> 项目进度预测

> 主要风险点及对策概述

> 需要协调解决的问题

（2）实地考察。租赁项目通过初评后，A融资租赁公司必须派人深入B公司进行实地考察，全面了解企业的经营能力和生产能力及其相应的技术水平和管理水平的市场发展动态信息，了解项目所在地的工作环境和社会环境、财务状况，重要情况必须取得第一手资料。B公司为了项目能顺利运转，应给予真实的材料和积极的配合。

（3）项目审批。A融资租赁公司的项目审查部门根据企业提供的各种资料和派出人员的实地考察报告，结合企业立项的可行性报告，从动态和静态、定性和定量、经济和非经济等多方面因素进行综合分析，全面评价项目的风险和可行性，决定项目的取舍，并确定给企业的风险利差。如果项目可行，风险在合理可控的范围内，即可编制项目评估报告，办理内部立项审批手续。

（4）合同签约。项目被批准后，A融资租赁公司接受B公司的租赁项目委托，办理租赁物件购置手续，签订购货合同和融资租赁合同。签约后项目评估的结论应为项目的优化管理提供科学依据。

(5)项目后评估。在租赁项目执行过程中,作为承租人的 B 公司应根据实际经营情况,随时调整经营策略,力求达到预期的经营目标。作为出租人的 A 公司则应经常将承租人的经营状况与评估报告的主要内容进行比较,发现问题及时采取措施,确保租金安全回收。

47. 什么是融资租赁谈判? 融资租赁谈判的特征有哪些

融资租赁谈判是指出租方、承租方与出卖方就租赁物的选择、购买和提供,以及支付租金等问题而进行的谈判。融资租赁谈判的特征主要有以下几点:

(1)融资租赁谈判的主体由出卖方、出租方和承租方三方共同组成,是多边统筹型谈判;

(2)融资租赁谈判的过程具有复杂性;

(3)融资租赁谈判中包括买卖谈判和租赁谈判;

(4)融资租赁谈判的合同应当采用书面形式。

【例】A 公司为融资租赁公司,B 公司为一家生产企业,需要引进一套大型印刷设备,C 公司为一家印刷设备生产商,在确定采用融资租赁的方式进行设备购置后,就需要就买卖合同和融资租赁合同中涉及的重要事项进行谈判和磋商。

在此案例中,融资租赁谈判 A、B、C 三家公司均需参与,并且因涉及到所需印刷设备的规格、技术指标、租赁期限及租金的支付方式等一系列问题,因此,谈判的过程较为复杂,谈判应包括设备的买卖谈判和租赁谈判,谈判的最后结果应以书面的形式形成规范的买卖合同和融资租赁合同。

48. 融资谈判的内容主要有哪些

《中华人民共和国合同法》第 238 条第 1 款规定:融资租赁合同的内容包括租赁物名称、数量、规格、技术性能、检验方法、租赁期限、租金构成及其支付期限和方式、币种、租赁期届满租赁物的归属等条款。因此,融资租赁谈判的当事人应根据融资租赁合同中的相关内容,确定相应的谈判内容。

【例】融资租赁具体的谈判内容如表3—3所示:

表3—3 融资租赁谈判的主要内容

谈判事项	主要内容
租赁物	租赁物的名称、数量、规格、技术性能、检验方法、租赁期限、租赁期届满租赁物的归属问题。
租金	租金构成及其支付期限和支付方式、币种,特别是在国际融资租赁谈判中,明确租金的币种尤其重要,因为有可能因汇率波动而产生损失。
其他事项	如该项目是否需要担保、抵押等。

49. 融资租赁谈判中主要租赁指标的谈判依据是什么

融资租赁谈判主要的目的是确定融资租赁合同中的相应关键指标,如起租日期、租金、利率、租期和租赁残值等等。这些关键指标的确定,是有一定依据的。

【例】融资租赁谈判中租赁指标的谈判依据如表3—4所示:

表3—4 融资租赁相关指标的谈判依据

租赁指标	谈判依据
起租日	一般根据供货合同用款期,确定租赁合同的起租日; 没有宽限期的可以递交开证押金或直接付款日期为起租日; 有宽限期的可以用款第一天为起租日; 支付利息或摊入租赁成本后可以最后一次或这以前的用款期为起租日。
实际成本	将所需要的融资成本费用概算出概算成本,作为计算租金的基础,当供货合同执行完毕后,调整概算成本为实际成本。
租赁利率	根据当时的市场利率、加上合理利差确定。
租期和租赁残值	根据折旧规定、设备使用寿命和最低租期的限制确定。
每期租金的金额和支付方式	根据承租人创造利润能力,通过对租金的测算、调整,在与承租人进行谈判商议后,最终确定。

50. 什么是租赁保证金

租赁保证金就是融资租赁业务中承租人所缴纳的,保证承租人按期付款义务履行的保证资金。在融资租赁业务中,除租金照付外,一次总付的金额即为租赁保证金。

【例】在我国融资租赁公司的业务操作中,租赁保证金一般作为融资租赁合同生效的一项要件,由承租人在融资租赁合同签订后,一次性支付给出租人,当融资租赁合同结束时,出租人将租赁保证金退还给承租人,或者将租赁保证金用来冲抵最后几期租金。租赁保证金一般会占租赁标的物概算价值的 10% 以上。

51. 租赁保证金的性质是什么

租赁保证金应视为是某种形式的承租人预付款,是其自行承担该融资租赁项目中的风险的基金。

【例】在融资租赁公司的实际操作中,关于租赁保证金,以下几点值得注意:

(1)租赁保证金不是立约定金。因为租赁保证金并不是为融资租赁合同的正式订立而支付,也不是融资租赁合同成立的证据,因此,它不是立约定金;

(2)租赁保证金不是成约定金。租赁保证金的支付,并不是融资租赁合同生效的唯一条件,因此,它不是成约定金;

(3)租赁保证金不是解约定金。租赁保证金通常在融资租赁合同完全履行时返还,因此,它不是解约定金;

(4)租赁保证金不是违约定金。在融资租赁实务中,当承租人违约时,不是由出租人扣除该保证金;当出租人违约时,也不是由出租人向承租人双倍返还该保证金,而是由违约方按合同的约定赔偿损失,因此,租赁保证金不是违约定金。

52. 租赁保证金有哪些方面的功能

租赁保证金是融资租赁谈判中的一个重要组成部分,其在融资租赁业务中具有降低出租人实际出资比例、降低信用风险损失和提高融资租赁项目内部收益水平这三大功能。

【例】融资租赁中,租赁保证金的主要功能如下所示:

(1)减少出租人实际出资额,降低实际出资比例。在融资租赁业务中,根据出租人实际出租额的计算公式:

实际出资额=租赁标的物概算总价-零期租金-管理费(手续费)-租赁保证金

出租人通过收取租赁保证金,会降低出租人的实际出资比例,减少其净现金流出。

(2)降低信用风险损失。保证金的收取,在动机层面,能够防范承租人的道德风险,提高承租人偿债的自觉性,从而减少出租人的信用敞口;在业务操作层面,依照行业惯例和合同约定,当出现承租人不能支付租金等风险时,出租人可以将租赁保证金用于提前抵扣应付租金、延迟利息或其他费用,以降低不良资产及租赁损失,由此降低了出租人所面临的信用风险损失。

(3)提高融资租赁项目的内部收益水平。因为资金具有时间价值,所以在相同的本金水平下,如果一个项目的资金回收期越短,那么该项目的内部收益率就会越高。保证金在降低融资租赁项目的期初本金的同时,也缩短了项目资金的回收期,因此在其他融资租赁条件不变的前提下,出租人通过提高租赁保证金率,可以获得更高的内部收益率。

53. 什么是保理?什么是融资租赁保理

"保理"一词源于国际结算中的国际保理业务,实际上就是"保付代理",保理的核心内容为"债权的转让与受让",即保理商(主要是银行)通过收购债权人"应收账款"的方式为债权人提供融资服务,是一种结算形式和手段。随着我国租赁业的发展,保理融资业务也被拓展应用于租赁公司的融资中。租赁公司的"应收租金"是租赁公司的"应收账款"即"租赁债权"，根据《合同法》，该租金债权可以进行转让与受让，因而在实务中就诞生了与贸易保理融资在形式上不同的租赁保理融资，但实质上都是对"应收账款"的债权人提供融资。

融资租赁保理是指在租赁公司向承租人提供融资租赁服务，双方形成租赁关系的前提下，租赁公司将融资租赁合同项下未到期应收租金债权转让给银行，银行支付租赁公司一定比例的融资款项，并作为租金债权受让人直接向承租人收取租金的经济活动。

【例】租赁保理是融资租赁业务与银行保理业务结合起来而形成的金融创新产品，突破了一般应收账款对应产品固定付款条件的限制。2007年3月1日新修订并实施的《金融租赁公司管理办法》第二十二条规定：金融租赁公司可向商业银行转让应收租赁款业务，即指银行向金融租赁公司开办的国内保理业务。租赁保理是租赁公司解决资金来源的渠道之一，其业务核心是租金作为应收账款进行转让。租赁保理的交易结构如图 3—2 所示：

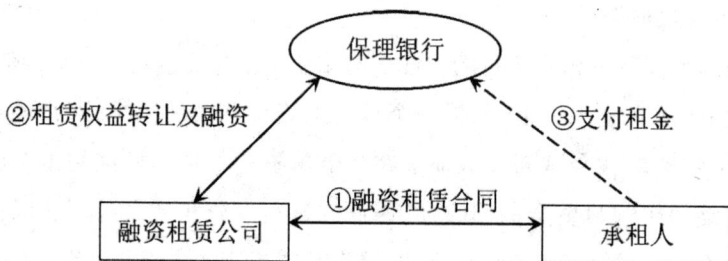

图 3—2 租赁保理基本结构图

54. 融资租赁保理具有哪些功能

租赁保理是租赁公司的重要融资渠道之一，也是银行获得保理收益的一项较好的中间业务。融资租赁保理能够解决租赁公司和承租人的资金来源问题，银行的介入能够协助租赁公司的应收账款管理和催收工作。而银行则能通过保理的通道介入租赁业务,为资金找到良好的出口和渠道,进而获利。

【例】A 为融资租赁公司,D 为一家商业银行, 对 A 融资租赁公司而言,通过银行保理,能够提前一次性收取应收租金,解决资金难题,不受承租人付款资金约束。同时银行的介入,能够规范融资租赁合同中债权债务关系的执行。

对于 D 银行而言, 银行要对 A 融资租赁公司收取一定的保理费用(如融资费、保理手续费、逾期支付违约金、追索债权的诉讼和仲裁费用)、回购款等,获取中间业务收益。

55. 融资租赁保理的实务操作流程是怎样的

根据各公司的业务操作方法不同, 融资租赁保理的业务操作流程并不是完全固定的, 但一般融资租赁保理业务主要操作流程应包括以下方面:

(1)租赁公司与银行签订保理合同;

(2)租赁公司和银行书面通知承租人应收租金债权转让给银行;

(3)承租人填具确认回执交租赁公司;

(4)银行向租赁公司发放约定比例融资款;

(5)承租人向银行分期支付到期租金;

(6)如果银行和租赁公司约定有追索权,承租人到期未还租金时,租赁公司须根据约定向银行回购银行未收回的融资款。

【例】××银行于 2006 年颁布了《银赁通业务暂行办法》银赁通业务(即租赁项目融资业务),其中,银赁通——保理业务是指租赁公司开展租赁业务,形成应收租金后,将应收租金出让给××银行,由××银行向承租人收取租金,××银行保留或不保留对租赁公司追索权的业务。通常情况下, 是由租赁公司和承租人共同向××银行申请办理该业务,其基本流程如下:

第一步,申请并受理。由租赁公司和承租人共同向经办行提出申请;

或者××银行直接向客户营销;

第二步,初步拟定银赁通方案。经办行审查与评估后,拟定保理方案,同时收集租赁公司、承租人、担保人的基本资料以及租赁业务中涉及的买卖合同、租赁合同、担保合同等,以备审查;

第三步,上报审批。××银行有权审批受理业务,组织调查评估,对方案做进一步优化;

第四步,签订合同。××银行经办行根据批复落实各项风险控制措施,与租赁公司签订贷款合同或保理合同;与担保人签订担保合同,与租赁公司和承租人签订账户监管合同,与租赁公司签订权利质押合同等;

第五步,××银行发放融资。××银行向租赁公司发放保理资金,同时租赁公司的租赁收益权转至××银行;

第六步,承租人按期向××银行支付租金。在银赁通保理业务下,租赁公司将应收租金出让给××银行;

第七步,××银行实施监管,并加强风险控制。主要是监督租赁公司、承租人和担保人的经营情况,并实施账户监管,保证融资的收回。

56. 融资租赁保理实务操作中涉及哪些需要商定的要素

在实务操作中,融资租赁保理一般会涉及融资额度、融资期限、融资利率、保理手续费、租赁设备抵押、保理担保、保险等一系列要素,需要协商确定。

【例】融资租赁保理实务操作中需要商定的要素如表3—5所示:

表3—5 融资租赁保理实务操作要素

基本要素	具体内容
融资额度	是银行对应收租金实施保理而向租赁公司支付的款项,其数值应是根据银行保理后累计可收取的现金按照一定利率折算的现值确定,最高融资额度不超过租赁本金。
融资期限	与对应租赁期限匹配,一般为1~2年,不超过3年。
融资利率	按同期商业银行贷款利率,对于优质客户,可在基准利率的基础上下浮5%~10%。

续表

基本要素	具体内容
保理手续费	一般为1‰~5‰,根据实际情况,也可以免除。
保理保证金或预付金	原则上由承租人按租赁概算成本的10%~30%或一个季度的租金值支付。
租赁设备抵押	在进行租赁保理时,租赁物应当设定抵押,银行为第一抵押权人。
保理担保	由承租人自身或供货商(或其他第三方)提供保证或物权担保,在有追索的条件下,承担向银行回购银行未收回的融资款的责任。
办理保险	在进行租赁保理时,承租人应为租赁物办理必需的财产保险,银行为第一受益人。

57. 如何进行融资租赁的后期管理

融资租赁项目后期管理主要有文件管理、进程管理、风险管理和客户管理四大类,具体的管理方式如表3—6所示:

表3—6 融资租赁后期管理方式

管理方式	具体内容
文件管理	文件管理制度主要包括文件的建立、归档、更改和借阅。
进程管理	将租赁公司签订的租赁合同和购货合同内容,按照日期的顺序排列,由专门的部门进行催办、检查并提出处理意见。
风险管理	除了标准的风险控制体系外,风险管理主要体现在监控方面,这是融资租赁后期管理的重要环节。
客户管理	客户管理不是简单的记录,而是对客户进行跟踪并实时反馈相关情况,以便及时调整。

【例】A融资租赁公司与B公司签订了一项大型机械设备的融资租赁合同,并已完成相关设备交接手续,开始起租,则此时A融资租赁公司应开展对该融资租赁项目的后期管理。

(1)文件管理。租赁合同签订后首先要建立台账,将原始文件归档并编制业务进程。建立台账的目的是创建项目基本的原始数据资料库,同时,文件和资料的更改和修正要遵循一定的规则。除非有专门指定,文件和资料的更改应由该文件的原审批部门(组织)进行审批。若指定其他部门(组织)审批时,该部门(组织)应获得审批所依据的有关背景资料。如果可行,应在文件或相应附件上标明更改的性质。

(2)进程管理。合同签订后,所有的事项一定要有人执行,有人负责,有人监管。进程表主要包括:购买租赁物件的付款、办理进口许可证、办理运输和提货、保险、报关、报验、尾款支付、租赁保证金、手续费、到期应收租金、租赁物件权益登记以及文件归档等实际业务程序。

(3)风险管理。一个好的风险控制体系应该是闭环的、动态的、可随时调整和控制的系统。有关风险管理的内容将在本书第六章中进行详述。

(4)客户管理。A 公司对 B 公司在项目过程中提出的合理化建议、问题要及时反馈;可以纠正的错误应限期调整,并将结果反馈给 B 公司。同时还要对租赁物件的使用、维修、保养情况以及租赁物件的市场公允价值进行了解和管理,以便通过对客户资料的分析,了解市场需求、提高竞争力、增加服务收益、掌握租赁物件二手价格的话语权。

58. 融资租赁期满时对租赁物的处理有几种方式

融资租赁合同对租赁物的处理一般有三种形式:退租、续租、留购。具体内容如表 3—7 所示:

表 3—7   融资租赁期满时对租赁物的处理方式

处理方式	具体方法
退租	租赁合同期满,承租人按租赁合同约定的要求将租赁物退还给出租人,由出租人自行处理出租物。由于租赁物在出租期满内一般均已达到使用期限,出租人收回后难以再租或转让,所以,对租赁物期限届满后的处理,一般不采用这种方式。
续租	在租赁合同期间届满前的合理时间内,承租人应通知出租人,就租赁物的继续租用进行协商,确定续租期限、租金等内容,在融资租赁合同期届满时签订续租合同。
留购	承租人支付名义货价后获得出租物的所有权,融资租赁合同期满后,对租赁物的处理一般多采用这种方式。

【例】A 融资租赁公司与 B 公司签订了 5 台起重机的融资租赁合同，采用融资租赁的方式引进设备进行扩大再生产，租赁期限为 5 年。融资租赁期限届满时，对租赁物的处理方式如下：

(1)如合同规定对租赁物的处理方式为退租，则 B 公司将 5 台起重机退还给 A 公司，该融资租赁项目结束；

(2)如合同规定对租赁物的处理方式为续租，则 B 公司在合同结束前的一段时间内，根据设备使用情况，与 A 融资租赁公司就租赁物的续租期限、租金等内容重新进行谈判和协商，在协商一致的前提下，签订续租合同；

(3) 如合同规定对租赁物的处理方式为留购，每台名义价格为 100 元，则 B 公司在租赁期限结束时，支付给 A 融资租赁公司起重机名义价格后，获得这 5 台起重机的所有权。

59. 什么是国际融资租赁

国际融资租赁的概念有广义与狭义之分。

(1)狭义的国际融资租赁仅指不同国家的当事人以协议形式进行设备买卖和货款融资的综合性交易方式。

【例 1】假设 A 融资租赁公司为一家美国的融资租赁公司，我国的 B 航空公司拟采用融资租赁的方式引进一架空客330飞机，则这笔融资租赁业务就属于狭义的国际融资租赁业务。A 融资租赁公司将根据 B 航空公司的要求向空客公司购买其所需型号的飞机，并按约将其租赁给 B 航空公司使用，A 融资租赁公司拥有该架飞机的所有权，B 航空公司负有按期偿付租金和维修租赁物的义务，并在租赁期满时有权按约终止租赁、续展租赁或留购该租赁物。此类"纯粹的"国际融资租赁在 20 世纪 70 年代由于发达国家对其采取投资税收优惠曾得到迅速发展。

(2)广义的国际融资租赁则是指跨国性融资租赁和国际性间接租赁的合称，不仅包括不同国家的出租人与承租人之间跨国从事的融资租赁，而且包括一国的租赁公司通过其海外的下属法人企业(合资或控股)

与其下属企业所在的东道国承租人之间从事的融资租赁。

【例 2】假设 A 融资租赁公司是一家美国集团在俄罗斯设立的融资租赁公司,B 公司为俄罗斯一家企业, 拟采用融资租赁的方式引进一套矿山开采设备,A 融资租赁公司与 B 公司签订了融资租赁合同, 则该项融资租赁业务可视为广义的国际融资租赁。从目前的实践来看,国际性间接租赁在国际租赁市场上的增长速度最快,它甚至代表国际融资的发展方向。

60. 我国对于国际融资租赁的认定采取广义还是狭义的概念

我国目前有关法规和司法解释对于国际融资租赁采取广义解释立场,根据国务院有关部门于 1994 年 2 月发布的《关于解决拖欠中外合资融资租赁公司租金问题的通知》和最高人民法院于 1996 年 5 月发布的《关于审理融资租赁合同纠纷案件若干问题的规定》, 除外国出租人与我国承租人之间跨国从事的融资租赁属于国际融资租赁外, 外国出租人通过在我国的中外合资企业或下属机构与我国承租人之间从事的融资租赁、租赁设备涉及进口的融资租赁、涉及外汇租金的融资租赁均属于“对外融资租赁”,对其应适用与国际融资租赁相同的规则。

【例】假设 A 融资租赁公司是在我国设立的一家外商独资的融资租赁公司,其控股公司为美国一家公司,我国 B 航空公司拟通过融资租赁的方式引进一架波音 737 客机,A 公司与 B 公司签订了融资租赁合同,并由 A 公司向波音公司购买 B 公司所需型号的飞机, 交付给 B 公司使用,根据我国对国际融资租赁采用广义概念的认定方式,此项融资租赁交易应被认定为国际融资租赁。

61. 国际融资租赁的特点有哪些

国际融资租赁在具有一般融资租赁所具有的融资与融物相结合等特点之外在整体上,具有以下基本特征:

(1)国际融资租赁当事人之间关系较为复杂。国际融资租赁关系的主体分属于不同国家的当事人,其中包括不同国家的当事人通过其下属法人企业在同一所在国履行融资租赁的情况。

【例1】多数情况下,国际融资租赁关系至少涉及三方以上的当事人,即出租人、承租人和供货人,因此,国际金融法实践中通常将国际融资租赁称为"三边交易",在某些情况下,一项国际融资租赁还可能涉及贷款银行和股权投资人。

(2)国际融资租赁的租赁物通常价值较大。国际融资租赁关系的标的通常是特定化的大型机器设备或成套设备;按照《国际融资租赁公约》第1条规定,适用该公约的国际融资租赁标的还可以是基于商业用途的工厂、资本货物或其他设备,但不包括基于非商业用途而仅供承租人个人或家庭租赁使用的设备。

【例2】根据国际金融法实践,国际融资租赁的出租物通常是由承租人选择确定的,其规格和要求由有关协议文件约定,并且仅仅在该出租物经交付验收后才将其特定化,这与许多大陆法系国家民商法中规定的租赁关系不尽相同。

(3)国际融资租赁本质上是含有货物买卖和租赁融资复合属性的综合性交易。根据国际金融法实践,当事人(特别是提供融资便利的出租人)往往追求和主张国际融资租赁协议、租赁物买卖协议及有关合同文件的相关性联系。

【例3】在国际融资租赁中,出租人一般要求同一项国际融资租赁的全部法律文件一揽子签署,要求在相关法律文件中明确:供货合同的生效以租赁合同的有效成立为前提,而供货合同的履行又构成租赁合同履行的基础,以此排除将同一国际融资租赁项下的不同合同关系分别独立处理的法律可能性。根据《国际融资租赁公约》的要求,适用该公约的国际融资租赁至少应保障租赁物买卖协议与租赁协议的相关性,保障其法律适用的一致性,只有在租赁物买卖协议和租赁协议全体当事人同意的情况下,方可排除这一要求。

(4)国际融资租赁是仅移转租赁物使用权的融资性交易。根据国际金融法实践,在国际融资租赁的租赁期内,租赁物的所有权仍归出租人享有,这不仅为融资租赁协议的履行提供了有效的保障手段,而且可以避免因承租人所在国担保法上的不便而产生的风险。

【例4】在国际融资租赁的实践中,由于租赁物实际上是根据承租人的选择和订购要求购买的, 并且承租人在租赁期满后又享有留购权,因此国际融资租赁实际上具有以融物形式实现融资的功能,它往往成为承租人企业添置大型设备的一种方式;由于国际融资租赁的租赁期较长,其租金支付条款也较为灵活,在有相同投资效益的前提下,国际融资租赁通常可提供较中长期国际贷款为优的融资效率。

62. 国际融资租赁对交易各方当事人的作用有哪些

(1)国际租赁为承租人提供了一条有效的、成本较低的国际融资渠道,可使得承租人以融物方式降低融资成本,并按约享有留购租赁物的选择权;

【例1】在国际融资租赁实践中,在留购价格上,出租人与承租人的协议约定不仅要考虑承租人所在国法律关于公允价值的要求,而且要考虑租金计算中预留的租赁物残值,以公平反映承租人购置租赁物的应有成本;协议租赁期届满时,承租人有权选择终止租赁、续展租赁或以残值留购租赁物,而出租人对此则无决定权。

(2)能够加快承租人的设备引进时间;

【例2】A公司是我国国内的一家生产企业,需要引进一台进口设备,如果向银行申请贷款和外汇,再委托进口公司购买所需设备,一般来说,时间是相当长的。而通过国际融资租赁的方式,可使融资与引进同步进行,既减少了环节,又缩短了时间,从而达到加快引进设备的目的。

(3)可使各方当事人有效利用相关国家税法和折旧制度提供的优惠等。

【例3】在国际融资租赁实践中,租赁物在租赁期间于法律上仍为出租人所有(但依法享有投资减免税优惠),而在承租人的会计报表上,该租赁物依所在国法律可不视为资产购入,承租人支付的租金实际上在费用和成本中列支,以此充分利用了相关国家提供的财务税收优惠。

当然对于国际融资租赁中的各方当事人,还有许多其他的作用,如对于承租人来说,能够提高其外汇资金使用效率,租金支付方式灵活多样,可满足其特殊需求。固定租赁利率时,可避免利率和通货膨胀的风险等。

对出租人及设备制造商的作用,则表现为出口租赁,可成为制造厂商类出租人推销产品、辅助出口的有效措施。利用出口租赁,可成为金融机构类出租人向海外进行资本扩张的有效手段等,在此不进行赘述。

63. 在国际融资租赁实践中,出租人是如何选择租赁结构的

在国际融资租赁实践中,出租人基于风险和资金能力考虑,往往安排杠杆租赁结构。从国际实践来看,选择融资租赁此类结构主要来自出租人方面的原因,主要包括:

(1)风险因素考虑。当租赁设备的贷款额大大超过出租人能够承担的信用能力时,出租人则倾向于分散风险,采取杠杆租赁结构。

(2)承租人租赁项目经济强度因素考虑。当承租人利用融资租赁的项目具有较高的经济效益,能够提供较高的租金回报并且根据其现金流量预测分析具有可靠的经济强度时,出租人则倾向于独立融资并采取直接租赁结构;否则其更愿意采取杠杆租赁结构。

(3)贷款融资成本考虑。当承租人的信用能力优于出租人,并且可以取得更低成本的贷款时,出租人则倾向于利用承租人的信用能力,采取杠杆租赁结构。而对于承租人来说,其考虑的因素仅为直接租赁和杠杆租赁二者的价格孰低,并且应当考虑到利息变动因素和租金固定因素的影响。在我国目前的实践中,国际融资租赁的资金结构选择主要受到租赁公司营业特许政策和外债政策的限制。

【例】B石油开采企业需要一套大型海上钻井平台,想通过A融资租赁公司采用融资租赁的方式从国外引进该套设备,考虑到该项目涉及金额巨大,为分散风险,A融资租赁公司决定采用杠杆租赁的方式,则A融资租赁公司和 B 石油开采企业将与独立的 C 银行签署融资租赁贷款协议，依此协议,C 银行通常将提供购买租赁设备货款 60% 以上的贷款资金,并要求取得该租赁设备的抵押权,并且该贷款资金将直接支付给供货商;该贷款本息将由 B 企业按期直接向C 银行以租金形式支付。

64.《国际融资租赁公约》宗旨及产生背景是怎样的

《国际融资租赁公约》是 1988 年 5 月由 55 个国家在加拿大渥太华召开的外交会议上通过的一项开放性多边公约。《国际融资租赁公约》的宗旨在于保障国际融资租赁交易当事人之间的利益公平,通过统一性规则尽量消除国际融资租赁中存在的某些法律障碍,促进国际融资租赁的运用,该公约的立法体例在相当大的程度上参照了联合国国际货物销售合同公约,共由序言和正文 3 章 25 条组成,其主要内容融合了大陆法系和英美法系、发达国家和发展中国家的融资租赁法规。该公约目前因批准国不足尚未生效,但公约的内容对于国际融资租赁实践具有重要的指引作用和示范作用。

【例】为了寻求有效解决国际融资租赁交易中产生的特殊法律问题,逐步规范跨国融资租赁活动,1974 年 2 月在国际统一私法协会第 53 届理事会上提出了旨在制定租赁交易统一规则而进行准备调查的建议案,并成立了一个专门工作小组负责协调工作。此后,经过工作小组数次调查和征询意见,比较一致的看法认为确有必要制定一套调整融资租赁的国际统一规则,并提请国际统一私法协会理事会同意后正式成立了专家研究组。

专家组在 1977 年至 1984 年间主持召开了四次会议和两次实务界专家座谈会,制定了国际融资租赁统一规则初步草案。该草案于 1985 年 4 月、1986 年4 月和 1987 年 4 月三次由政府专家委员会讨论、修改,并形成了公约的最后草案。1988 年5 月,该最后草案在国际统一私法协会于加拿大渥太华召开的外交会议上,经过讨论修改后正式获得通过,并形成了现有的公约文本。

65.《国际融资租赁公约》的适用范围有哪些

根据公约第 2 条和第 3 条的规定,公约适用于出租人与承租人营业地位于不同国家的融资租赁,并且应符合下述条件之一:

(1)出租人营业国、承租人营业国及供应商营业国均为缔约国;

(2)供应协议(买卖合同)与租赁协议(租赁合同)同受某一缔约国法律的管辖。在当事人有一个以上的营业地时,以与相关协议及其履行有最密切联系的营业地为准。

无论承租人是否已经取得或将要取得供应协议(买卖合同)项下的设备,无论承租人是否在租赁期间拥有购买设备的选择权,也无论承租人是否支付名义上的价金或租金,均可适用公约。承租人对同一设备一次或多次转租的情况也适用公约的规定。

【例】在一项大型海上钻井平台的融资租赁业务中,涉及三方当事人:A 融资租赁公司、B 承租人、C 供货商,《国际融资租赁公约》因为目前批准国不足尚未生效,所以暂时不存在缔约国。但一旦《国际融资租赁公约》生效后,其适用范围之一则应为:A、B、C 三家公司的营业国必须均为《国际融资租赁公约》的缔约国。

66.《国际融资租赁公约》的不适用情况有哪些

根据公约第 1 条和第 5 条的规定,不适用公约的情况主要为:

(1)主要供承租人个人、家人或家庭使用的设备租赁;

(2)买卖合同和租赁合同的各方当事人均同意排除适用《公约》的情况。

【例】沿用第 65 问中的例子, 假设 A、B、C 三家公司的营业国均为《国际融资租赁公约》的缔约国,但是,A、B、C 三家公司均同意排除适用《公约》,则在此情况下,该项融资租赁业务不适用《国际融资租赁公约》。

限于文章篇幅,更多有关《国际融资租赁公约》的相关规定详见附件十。

第四章 融资租赁财务管理

67. 融资租赁的租金是如何构成的

传统租赁是以承租人租赁使用设备的时间计算租金,而融资租赁的租金则以承租人占用出租人资金的时间进行计算。《合同法》第二百四十三条规定,融资租赁合同的租金,除当事人另有约定的以外,应当根据购买租赁物的大部分或者全部成本以及出租人的合理利润确定,融资租赁的租金总额一般由租赁物购置成本、利息、手续费等构成。

【例】融资租赁的租金构成如表4—1所示:

表4—1 融资租赁的租金构成

租金构成	具体事项
租赁物的购置成本	租赁标的物的价格、运输费、进口关税、安装费、向供货方预付的货款利息、途中保险等。
租赁期间的利息	即出租人为承租人购置租赁物而向银行贷款所支付的利息。
租赁的手续费	出租人为租赁物所开支的营业费用和合理的利润。

68. 什么是租赁开始日？什么是租赁期开始日？

租赁开始日是指租赁协议日与租赁各方就主要条款作出承诺日中的较早者。在租赁开始日,双方认定租赁类型。租赁开始日为签订合同的日期,在这一天不做会计处理,但是要确定租赁类型是经营租赁还是融资租赁,并确认租赁期开始日应确认的金额。

租赁期开始日是指承租人有权行使其使用租赁资产权利的日期,表明租赁行为的开始。在租赁期开始日,承租人应当对租入财产、最低租赁付款额和未确认融资费用进行初始确认;出租人应当对应收融资租赁款、未担保余值和未实现融资收益进行初始确认。

【例】2014 年 12 月 20 日,A 融资租赁公司与 B 公司签订了一份融资租赁合同,合同规定起租日为 2015 年 1 月 1 日,租赁期为 2015 年 1 月 1 日至 2018 年 12 月 31 日, 则根据有关租赁开始日和租赁期开始日的规定, 租赁开始日应为 2014 年 12 月 20 日,租赁期开始日则应为 2015 年 1 月 1 日。

69. 什么是融资租赁的内含利率? 如何计算?

融资租赁的内含利率是相对于出租人而言的,指在租赁开始日,使最低租赁收款额的现值与未担保余值的现值之和等于租赁资产公允价值与出租人的初始直接费用(手续费、律师费、印花税)之和的折现率。计算公式为:

最低租赁收款额的现值+未担保余值现值=租赁资产公允价值+初始直接费用

【例】A 融资租赁公司与 B 公司签订了一份租赁合同。(1)租赁标的物为不需要安装的生产设备;(2)起租日为 2004 年 1 月 1 日,租赁期为 4 年;(3)租赁期内,B 公司每年末支付租金 10 万元;(4)租赁期满时,设备估计余值为 5 万元,其中 B 公司担保余值 2 万元, 第三方担保余值 1 万元, 未担保余值为 2 万元;(5)该设备在 2004 年 1 月 1 日的公允价值 35 万元。在洽谈租赁业务中 A 公司发生初始直接费用 1.5 万元,B 公司发生初始直接费用 1 万元。使用内插法计算融资租赁的内含利率。

设租赁开始日内含利率为 r,依据图 4—1,可得计算公式为:

$$10\times PA(4,r)+2\times PV(4,r)+1\times PV(4,r)+2\times PV(4,r)=35+1.5$$

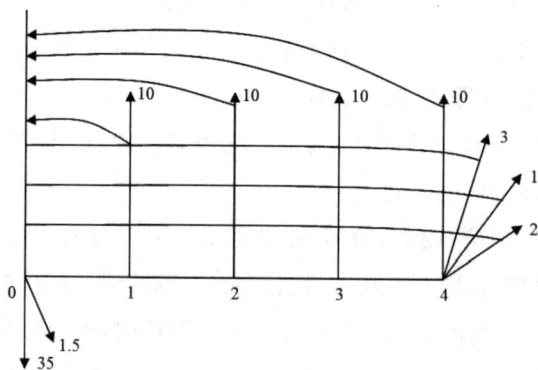

图 4—1 折现过程示意图

内插法的计算原理是利用已知计算公式,逐步在目标值 M(本题为 36.5) 的两侧找到最接近目标值 M 的两个值 M_1、M_2 及对应利率 r_1、r_2,组成两点 $(M_1,r_1)(M_2,r_2)$,并假定在 $[r_1,r_2]$ 短区间内,以 $(M_1,r_1)(M_2,r_2)$ 两点为端点拟合出的形式的直线能够穿过 (M,r) 该点,进而利用已知 M 值计算出租赁内含利率 r 的近似值。内插法是目前计算租赁内含利率所使用的普遍方法。

(1)假设 r=8%时:

$10×PA(4,8\%)+2×PV(4,8\%)+1×PV(4,8\%)+2×PV(4,8\%)$

经查表:n=4,r=8%的普通年金现值系数 PA=3.3121,n=4,r=8%的复利现值系数 PV=0.7350,代入上式中,计算结果为 36.796>M=36.5

(2)假设 r=9%时:

$10×PA(4,9\%)+2×PV(4,9\%)+1×PV(4,9\%)+2×PV(4,9\%)$

经查表:n=4,r=9%的普通年金现值系数 PA=3.2397,n=4,r=9%的复利现值系数 PV=0.7084,代入上式中,计算结果为 35.939<M=36.5

本题中,M=36.5,计算原理如图 4—2 所示:A 点为(35.939,9%),

C点为(36.796,8%),B 点的纵坐标即为所求内含利率 r。

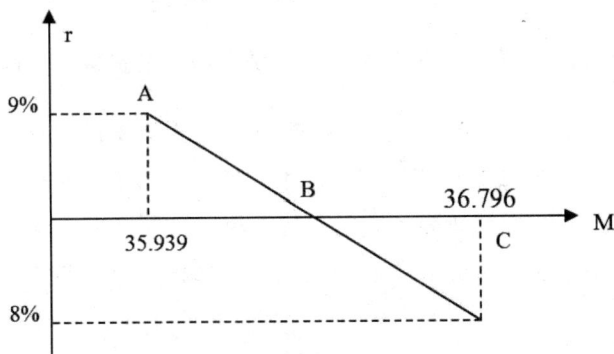

图 4—2 内插法计算原理

根据等比定理,可得：$\dfrac{9\%-r}{r-8\%}=\dfrac{36.5-35.939}{36.796-36.5}$

解得 $r=8.34\%$

因此，在本例中用试算法和插值法求得出租人租赁内含利率 r 为 8.34%。

70. 融资租赁中偿还租金的先付和后付是什么意思

融资租赁中的租金是以承租人占用出租人资金的长短而计算出的租金应付额。如果在融资开始就支付第一期租金则称之为先付(起租即付)，以后各期租金也同理先付。此种计算方法在同样的条件下,因为少占用出租人的资金，每期租金相对较少。如果第一期租金到期时再支付称之为后付(到期付款)，因为占压了一期资金,每期租金相对多一些。在签订租赁合同时可以根据项目的实际情况,由租赁双方协商选择偿还租金的方式。

【例】2014 年 12 月 20 日,A 融资租赁公司与 B 公司签订了一份融资租赁合同,合同规定起租日为 2015 年 1 月 1 日,租赁期为 2014 年 1 月 1 日至 2017 年 12 月 31 日,每年支付一次租金,如果第一期租金 B 公司在自租赁期开始日即支付给 A 融资租赁公司,则称为先付,而第一期租金如果在 2104 年 12 月 31 日才支付给 A 融资租赁公司,则称之为后付。

71. 什么是最低租赁付款额?什么是未确认融资费用?如何计算?

最低租赁付款余额是指在租赁期内,承租人应支付或可能被要求支付的款项(不包括或有租金和履约成本),加上由承租人或与其有关的第三方担保的资产余值,即资本化的租赁金额。它分为两种情况:

(1)租赁合同规定承租人有优惠购买选择权。此时租赁付款额计算公式为:

最低租赁付款额=租金+承租人行使优惠购买权而支付的任何款项

(2)租赁合同未规定承租人有优惠购买选择权。此时租赁付款额计算公式为:

最低租赁付款额=租金+承租人或与其有关的第三方的担保额+租赁期届满时承租人未能续租或展期而造成的任何应由承租人支付的款项

最低租赁付款额是承租人确定融资租赁资产、租赁负债入账金额的依据。

未确认融资租赁费用是最低租赁付款额与其现值(或租赁资产公允价值)的差额。公式为:

未确认融资费用=最低租赁付款额-最低租赁付款额现值(或公允价值,孰低)

承租人在计算最低租赁付款额的现值时,如果知悉出租人的租赁内含利率,应当采用出租人的租赁内含利率作为折现率;否则,应当采用租赁协议规定的利率作为折现率。如果出租人的租赁内含利率和租赁协议规定的利率均无法知悉,应当采用同期银行贷款利率作为折现率。

【例】A 公司为融资租赁公司，B 公司为生产企业，B 公司向 A 公司融资租入一台设备，设备预计使用 12 年。租约的有关内容如下：

(1)租期 10 年，不可撤销。

(2)每年支付租金 60000 元，于年末支付。

(3)承租人担保余值 50000 元，设备未担保余值100000 元。

(4)租赁开始日，设备的公允价值为 387309 元。

(5)出租人的租赁内含利率为 12%。

(6)租期届满，租赁资产由出租人收回。

此外，在本租赁项目的谈判与签订合同过程中，B 公司支付佣金、差旅费等 8000 元。

根据上述资料，最低租赁付款额及最低租赁付款额现值计算如下：

(1)最低租赁付款额：60000×10+50000=650000(元)

(2)最低租赁付款额现值：

60000×5.65022(n=10、r=12%的年金现值系数)=339013(元)

339013+50000×0.32197 (n=10、r=12%的复利现值系数)=339013+16099=355112(元)

由于最低租赁付款额的现值 355112 元低于租赁开始日资产的公允价值 387309 元，所以 B 公司对租入资产应按355112 元记录资产价值。租赁负债为650000 元。

未确认融资费用=650000−355112=294888(元)。

72. 在享受免租期条件下，承租人如何确认经营租赁租金费用

免租期是一种出租人可能对经营租赁提供的激励措施。在出租人提供了免租期的情况下，承租人应将租金总额在整个租赁期内，而不是在租赁期扣除免租期后的期间内，按直线法或其他合理的方法进行分摊，免租期内应确认租金费用。

【例】A 为融资租赁公司，B 公司为生产企业，B 公司于2010 年 1 月 1 日采用经营租赁方式从 A 公司租入机器设备一台，租期为 4 年，设备价

值为 200 万元,预计使用年限为 12 年。租赁合同规定:第 1 年免租金,第 2 年至第 4 年的租金分别为 36 万元、34 万元、26 万元;第 2 年至第 4 年的租金于每年年初支付。

根据计算,承租人租金费用分摊时间应为整个租赁期,即 4 年,而不应为扣除免租期,即 4-1=3 年,因此,2010 年 B 公司免租期内应确认的租金费用应为:

(36+34+26)÷4=24(万元)

73. 在提供免租期条件下,出租人如何确认经营租赁租金收入

在出租人提供了免租期的情况下,出租人应将租金总额在整个租赁期内,而不是在租赁期扣除免租期后的期间内,按直线法或其他合理的方法进行分配,免租期内应确认租金收入。

【例】沿用第 72 问中的例子,出租人租金收入分摊时间应为整个租赁期,即 4 年,而不应为扣除免租期,即 4-1=3 年,因此,2014 年 A 公司免租期内应确认的租金收入应为:(36+34+26)÷4=24(万元)。

74. 承租人如何对经营租赁进行基本的会计处理

对于经营租赁的租金,承租人一般应当在租赁期内各个期间按照直线法计入相关资产成本或当期损益;

承租人发生的初始直接费用,应当计入当期损益。

或有租金应当在实际发生时计入当期损益。

【例】A 公司为融资租赁公司,B 公司为生产企业,2011 年 1 月 1 日,B 公司向 A 公司租入办公设备一台,租期为 3 年。设备价值为 100 万元,预计使用年限为 10 年。租赁合同规定,租赁开始日(2011 年 1 月 1 日)A 公司向 B 公司一次性预付租金 15 万元,第一年年末支付租金 15 万元,第二年年末支付租金 20 万元,第三年年末支付租金 25 万元。租赁期届满后,A 公司收回设备,三年的租金总额为 75 万元(假定 A 公司和 B 公司均在年末确认租金费用和租金收入,并且不存在租金逾期支

付的情况）。

则 B 公司的会计处理为：

(1)2011 年 1 月 1 日：

借：长期待摊费用　　　　150000

　　贷：银行存款　　　　　150000

(2)2011 年 12 月 31 日：

借：管理费用　　　　　　250000

　　贷：长期待摊费用　　　100000

　　　　银行存款　　　　　150000

(3)2012 年 12 月 31 日：

借：管理费用　　　　　　250000

　　贷：长期待摊费用　　　50000

　　　　银行存款　　　　　200000

(4)2013 年 12 月 31 日：

借：管理费用　　　　　　250000

　　贷：银行存款　　　　　250000

75. 出租人如何对经营租赁进行基本的会计处理

出租人应当按资产的性质，将用作经营租赁的资产包括在资产负债表中的相关项目内。

对于经营租赁的租金，出租人在租赁期内各个期间一般按照直线法确认为当期损益；

出租人发生的初始直接费用，应当计入当期损益。

对于经营租赁资产中的固定资产，出租人应当采用类似资产的折旧政策计提折旧；对于其他经营租赁资产，应当采用系统合理的方法进行摊销。

或有租金应当在实际发生时计入当期损益。

出租人承担了承租人的某些费用的情况下，出租人应将该费用从租金总额中扣除,并将租金余额在租赁期内进行分配。

【例】沿用第 74 问中给出的例子。A 融资租赁公司对该笔经营租赁业务的会计处理如下:

(1)2011 年 1 月 1 日:

借:银行存款　　　　　　150000

　　贷:应收账款　　　　　150000

(2)2011 年 12 月 31 日:

借:银行存款　　　　　　150000

　　应收账款　　　　　　100000

　　贷:租赁收入　　　　　250000

(3)2012 年 12 月 31 日:

借:银行存款　　　　　　200000

　　应收账款　　　　　　50000

　　贷:租赁收入　　　　　250000

(4)2013 年 12 月 31 日:

借:银行存款　　　　　　250000

　　贷:租赁收入　　　　　250000

76. 承租人如何进行租赁开始日的会计处理

(1)在租赁期开始日,承租人应当将租赁开始日租赁资产公允价值与最低租赁付款额现值两者中较低者作为租入资产的入账价值,将最低租赁付款额作为长期应付款的入账价值,其差额作为未确认融资费用。承租人在租赁谈判和签订租赁合同过程中发生的,可归属于租赁项目的手续费、律师费、差旅费、印花税等初始直接费用,应当计入租入资产价值。

会计分录:

借:固定资产　　　(租赁资产公允价值与最低租赁付款额现值,孰低)

　　未确认融资费用　　(最近租赁付款额–最低租赁付款额现值,孰低)

　　贷:长期应付款　　　　　　　(最低租赁付款额)

　　　　银行存款　　　　　　　　(初始直接费用)

　　【例】A公司为融资租赁公司,B公司为生产企业,2011年12月28日,A公司与B公司签订了一份租赁合同。合同主要条款如下:

　　(1)租赁标的物:程控生产线。

　　(2)租赁期开始日:租赁物运抵B公司生产车间之日(即2011年1月1日)。

　　(3)租赁期:从租赁期开始日算起36个月(即2011年1月1日—2013年12月31日)。

　　(4)租金支付方式:自租赁期开始日起每年年末支付租金1000000元。

　　(5)该生产线在2011年1月1日的公允价值为2600000元。

　　(6)租赁合同规定的利率为8%(年利率)。

　　(7)该生产线为全新设备,估计使用年限为5年。

　　(8)2012年和2013年两年,B公司每年按该生产线所生产的产品——微波炉的年销售收入的1%向A公司支付经营分享收入。

　　B公司的财务规定及发生的相关费用如下:

　　(1)采用实际利率法确认本期应分摊的未确认融资费用。

　　(2)采用年限平均法计提固定资产折旧。

　　(3)2012年、2013年B公司分别实现微波炉销售收入10000000元和15000000元。

　　(4)2013年12月31日,将该生产线退还A公司。

　　(5)B公司在租赁谈判和签订租赁合同过程中发生可归属于租赁项目的手续费、差旅费10000元。

　　则B公司租赁期开始日的会计处理应为:

　　租赁期(3年)占租赁资产尚可使用年限(5年)的60%(小于75%),没有满足融资租赁的第3条标准;

　　最低租赁付款额的现值=1000000×2.5771 (n=3,r=8%的年金现值系数)=2577100(元)大于公允价值的大部分(2600000×90%)2340000元,满

足融资租赁的第 4 条标准;

因此,B 公司应当将该项租赁认定为融资租赁。

最低租赁付款额=各期租金之和+承租人担保的资产余值=1000000×3+0=3000000(元)

租赁资产公允价值 2600000 元,根据孰低原则,租赁资产的入账价值应为最低租赁付款额的现值 2577100 元。

未确认融资=3000000-2577100=422900(元)

会计分录:

借:固定资产　　　　　　　2587100

　　未确认融资费用　　　　422900

　　贷:长期应付款　　　　　3000000

　　　　银行存款　　　　　　10000

77. 承租人如何进行融资租赁中未确认融资费用的分摊

未确认融资费用应当在租赁期内各个期间进行分摊,分摊率的确定的具体情况如表 4—2 所示:

表 4—2　融资租赁未确认融资费用分摊率

未确认融资费用分摊率	使用情况
内含利率	以出租人的租赁内含利率为折现率将最低租赁付款额折现、且以该现值作为租赁资产入账价值。
合同规定利率	以合同规定利率为折现率将最低租赁付款额折现,且以该现值作为租赁资产入账价值。
银行同期贷款利率	以银行同期贷款利率为折现率将最低租赁付款额折现,且以该现值作为租赁资产入账价值。
重新计算分摊率	以租赁资产公允价值为入账价值则需重新计算,该分摊率是使最低租赁付款额的现值等于租赁资产公允价值的折现率。

会计分录为:

借:财务费用

　　贷:未确认融资费用

【例】沿用第 76 问中的例题,则根据材料给出的条件,按合同规定的利率8%进行未确认融资费用的分摊,根据计算,已求得租赁资产的入账价值为最低租赁付款额的现值 2577100 元，由于租赁资产的入账价值为其最低租赁付款额的折现值，因此该折现率就是其融资费用分摊率,即8%。则有:

(1)2011 年 1—12 月,每月分摊未确认融资费用:

2011 年 1—12 月分摊未确认融资费用=2577100×8%=206168(元)

每月分摊未确认融资费用=206168÷12=17180.67(元)

　借:财务费用　　　　　　　17180.67

　　贷:未确认融资费用　　　17180.67

(2)2012 年 1—12 月,每月分摊未确认融资费用:

2012 年 1—12 月分摊未确认融资费用 =[2577100 –(1000000 – 206168)]×8%=142661.44(元)

每月分摊未确认融资费用=142661.44÷12=11888.45(元)

　借:财务费用　　　　　　　1888.45

　　贷:未确认融资费用　　　1888.45

(3)2013 年 1—12 月,每月分摊未确认融资费用:

2013 年 1—12 月分摊未确认融资费用 =422900 –206168 – 142661.44=74070.56(元)

每月分摊未确认融资费用=74070.56÷12=6172.55(元)

　借:财务费用　　　　　　　6172.55

　　贷:未确认融资费用　　　6172.55

78. 承租人如何对融资租赁项下固定资产计提折旧

承租人应对融资租入的固定资产计提折旧,主要涉及两个问题:

(1)折旧政策。对于融资租入资产,承租人计提租赁资产折旧时,应当采用与自有固定资产相一致的折旧政策计提租赁资产折旧。

(2)折旧期间。确定租赁资产的折旧期间时,应视租赁协议的规定而论。如果能够合理确定租赁期届满时承租人将会取得租赁资产所有权的,可认为承租人拥有该项资产的全部使用寿命,因此应以租赁开始日租赁资产的寿命作为折旧期间;如果无法合理确定租赁期届满后承租人是否能够取得租赁资产的所有权,则应以租赁期与租赁资产寿命两者中较短者作为折旧期间。

具体的计算方法为:

存在担保余值的:应提折旧总额=融资租入固定资产入账价值−担保余值

不存在担保余值的:应提折旧总额=融资租入固定资产入账价值

会计分录为:

借:制造费用(管理费用)

　　贷:累计折旧

【例】A 公司为融资租赁公司,B 公司为生产企业,2010 年 12 月 1 日,A 公司与 B 公司签订了一份租赁合同。

(1)租赁标的物:CF 型数控车床。

(2)租赁期开始日:2011 年 1 月 1 日。

(3)租赁期:2011 年 1 月 1 日—2014 年 12 月 31 日,共计 48 个月。

(4)租金支付方式:自起租日起每 6 个月月末支付租金 225000 元。

(5)该设备的保险、维护等费用均由 A 公司负担,估计每年约 15000 元。

(6)该设备在租赁开始日的公允价值均为 1050000 元。

(7)租赁合同规定 6 个月利率为 7%。

(8)该设备的估计使用年限为 9 年,已使用 4 年,期满无残值,承租人采用年限平均法计提折旧。

(9)租赁期满时,B 公司享有优惠购买选择权,购买价 200 元,估计期满时的公允价值 500000 元。

(10)2012 年和 2013 年两年,B 公司每年按该设备所生产的产品的年销售收入的 5%向 A 融资租赁公司支付经营分享收入。B 公司 2012 年和 2013 年销售收入分别为 350000 元、450000 元。此外,该设备不需安装。

(11)承租人在租赁谈判和签订租赁合同过程中发生的,可归属于租赁项目的手续费、律师费、差旅费、印花税等初始直接费用共计10000元,以银行存款支付。

根据会计准则规定,发生初始直接费用,应计入当期租入资产成本。在本案例中,由于不涉及担保余值,因此,融资租赁租入固定资产的入账成本总计为:

1050000+10000=1060000(元)

根据合同规定,由于 B 公司可以合理确定在租赁期届满时能够取得租赁资产的所有权,因此,应当在租赁开始日租赁资产尚可使用年限5年(9 年-4 年)期间内计提折旧。因此,每年计提折旧金额为 1060000÷5=212000(元)

会计分录为:

借:制造费用——折旧费　　　　212000
　　贷:累计折旧　　　　　　　212000

79. 承租人如何对融资租赁中的履约成本进行会计处理

履约成本是指承租人租赁期内为租赁资产支付的各种使用费用,履约成本种类很多,具体的履约成本会计处理方式如表4—3所示:

表 4—3　承租人履约成本的会计处理

会计处理方式	会计分录
融资租入固定资产的改良支出、技术咨询和服务费、人员培训费等,递增延分摊记入各期费用	借:长期待摊费用(预提费用、制造费用、管理费用等科目) 　　贷:银行存款
固定资产的经常性修理费、保险费等直接计入当期费用	借:制造费用(营业费用) 　　贷:银行存款

【例】沿用第 78 问中的例题,根据给定合同,该设备的保险、维护等费用均由 B 公司负担,估计每年约 15000 元(其他合同条款略)。则承租人履约成本的会计处理应为:

借：制造费用　　　　　　　15000

　　贷：银行存款　　　　　　15000

80. 承租人如何对融资租赁中的或有租金进行会计处理

或有租金是指金额不固定,以时间长短以外的其他因素为依据计算的租金。由于或有租金的金额不固定,无法采用系统合理的方法对其进行分摊,因此在或有租金实际发生时,计入当期损益。

会计分录为：

(1)或有租金以销售百分比、使用量等为依据计算的：

借：销售费用

　　贷：银行存款

(2)或有租金以物价指数为依据计算的：

借：财务费用

　　贷：银行存款

【例】沿用第78问中的例题,根据合同规定,B公司应向A融资租赁公司支付经营分享收入, 根据合同中的已知条件,2014年B公司或有租金的会计分录为：

借：销售费用　　　　　　　22500(由450000×5%求得)

　　贷：银行存款　　　　　　22500

81. 承租人如何进行租赁期届满时的会计处理

租赁期届满时,承租人通常对租赁资产的处理有三种情况:返还、优惠续租和留购。具体的处理方法如表4—4所示:

表4—4　租赁期届满时承租人的会计处理方法

租赁资产处理方法	会计分录
返还租赁资产	借：长期应付款——应付融资租赁款 累计折旧 　　贷：固定资产——融资租入固定资产

续表

租赁资产处理方法	会计分录
优惠续租租赁资产	(1)如果承租人行使优惠续租选择权,则应视同该项租赁一直存在而作出相应的账务处理。 (2)如果租赁期届满时没有续租,根据租赁协议规定须向出租人支付违约金时: 借:营业外支出 　　贷:银行存款
留购租赁资产	在承租人享有优惠购买选择权的情况下,支付购买价款时: 借:长期应付款——应付融资租赁款 　　贷:银行存款 同时,将固定资产从"融资租入固定资产"明细科目转入有关明细科目。

【例】沿用第 78 问中的例题,2011 年 12 月 31 日租赁期满时,B 公司享有优惠购买选择权,支付购买价 200 元,则相应会计分录为:

借:长期应付款——应付融资租赁款　　　　200

　　贷:银行存款　　　　　　　　　　　　200

借:固定资产——生产经营用固定资产　　1060000

　　贷:固定资产——融资租入固定资产　　1060000

82. 出租人如何进行租赁开始日的会计处理

在租赁期开始日,出租人应当将租赁开始日最低租赁收款额与初始直接费用之和作为长期应收款的入账价值,同时记录未担保余值;出租人发生的初始直接费用和承租人发生的初始直接费用相类似,通常也有印花税、佣金、律师费、差旅费、谈判费等,在初始直接费用发生时,应确认为当期费用。因此,应将最低租赁收款额、初始直接费用及未担保余值之和与其现值之和的差额确认为未实现融资收益。

会计分录:

借:长期应收款——应收融资租赁款(租金+担保余值)

未担保余值

　　贷:融资租赁资产

　　　银行存款

未实现融资收益

【例】沿用第 76 问中的例题,A 公司为融资租赁公司,B 公司为生产企业,2011 年 12 月 28 日,A 公司与 B 公司签订了一份租赁合同。合同主要条款如下:

(1)租赁标的物:程控生产线。

(2)租赁期开始日:租赁物运抵 B 公司生产车间之日(即2011 年 1 月 1 日)。

(3) 租赁期:从租赁期开始日算起 36 个月 (即 2011 年 1 月 1 日—2013 年 12 月 31 日)。

(4)租金支付方式:自租赁期开始日起每年年末支付租金1000000 元。

(5)该生产线在 2011 年 1 月 1 日的公允价值为2600000 元。

(6)租赁合同规定的利率为 8%(年利率)。

(7)该生产线为全新设备,估计使用年限为 5 年。

(8)2012 年和 2013 年两年,B 公司每年按该生产线所生产的产品的年销售收入的 1% 向 A 公司支付经营分享收入。

此时,A 公司的有关资料如下:

(1)该程控生产线账面价值为 2600000 元。

(2)发生初始直接费用 100000 元,用银行存款支付。

(3)采用实际利率法确认本期应分配的未实现融资收益。

(4)2012 年、2013 年 B 公司分别实现产品销售收入10000000 元和15000000 元,根据合同规定,这两年 A 公司应向该公司取得的经营分享收入分别为 100000 元和 150000 元。

(5)2013 年 12 月 31 日,从 B 公司收回该生产线。

根据合同中的已知条件,A 公司在租赁开始日的会计处理应为:

根据前述内含利率的计算方法,

第一步,计算租赁内含利率:

$1000000 \times PA(3,R) = 2600000 + 100000 = 2700000$

用插值法求得,租赁内含利率为 5.46%

第二步,判断租赁类型

①租赁期(3年)占租赁资产尚未可使用年限(5年)的60%,没有满足融资租赁的第3条标准;

②最低租赁收款额的现值为2600000元,大于租赁资产原账面价值的90%,即2340000元(2600000×90%)。

因此,A公司应当将该项租赁认定为融资租赁。

第三步,账务处理:

借:长期应收款——应收融资租赁款　　　　3000000

　　贷:融资租赁资产　　　　　　　　　　2600000

　　　　银行存款　　　　　　　　　　　　100000

　　　　未实现融资收益　　　　　　　　　300000

83. 出租人如何进行未实现融资收益分配的会计处理

未实现融资收益应当在租赁期内各个期间进行分配。在分配未实现融资收益时,出租人应当采用实际利率法(内含利率)计算当期应确认的融资收入;在与按实际利率法计算的结果无重大差异的情况下,也可以采用直线法、年数总和法等。出租人每期收到租金时,按收到的租金,会计分录为:

借:银行存款

　　贷:长期应收款——应收融资租赁款

每期采用合理方法分配未实现融资收益时,按当期应确认的融资收入金额,会计分录为:

借:未实现融资收益

　　贷:租赁收入

【例】沿用第76问中给出的例题,A融资租赁公司收取租金的会计处理为:

借:银行存款　　　　　　　1000000

　　贷:长期应收款　　　　　1000000

A 融资租赁公司未实现融资收益分配的会计处理为:

(1)2011 年 1—12 月,每月确认融资收入时:

2011 年确认融资收入=(3000000−300000)×5.46%=147420

未实现融资收益=147420÷12=12285

借:未实现融资收益　　　　　12285

　　贷:租赁收入　　　　　　　12285

(2)2012 年 1—12 月,每月确认融资收入时:

2012 年确认融资收入 =[2000000 −(300000 −147420)] ×5.46% = 100869.13

　　未实现融资收益=100869.13÷12=8405.76

　　借:未实现融资收益　　　　　　8405.76

　　　　贷:租赁收入　　　　　　　8405.76

(3)2013 年 1—12 月,每月确认融资收入时:

2013 年确认融资收入=300000−147420−100869.13=51710.87

未实现融资收益=51710.87÷12=4309.24

　　借:未实现融资收益　　　　　　4309.24

　　　　贷:租赁收入　　　　　　　4309.24

84. 出租人如何进行或有租金的会计处理

出租人在融资租赁下发生的或有租金,应在实际发生时确认为当期收入。其会计处理为:

　　借:应收账款

　　　　贷:租赁收入

【例】沿用第 78 问中的例题,根据合同规定,B 公司应向 A 融资租赁公司支付经营分享收入,根据合同中的已知条件,2011 年 B 公司或有租金的会计分录为:

　　借:应收账款——B 公司　　　22500(由450000×5%求得)

　　　　贷:租赁收入　　　　　　22500

85. 融资租赁期满时出租人如何进行会计处理

(1)收回租赁资产。在融资租赁期满时如果出租人收回融资租赁资产,则通常有可能出现的情况及会计处理如表4—5所示:

表4—5 融资租赁期满出租人收回租赁资产情况的会计处理

情况分类	会计处理
存在担保余值(长期应收款有余额),不存在未担保余值(未担保余值无余额)	借:融资租赁资产 　　贷:长期应收款 应向承租人收取的价值损失补偿金记为: 借:其他应收款 　　贷:营业外收入
存在担保余值,同时存在未担保余值	借:融资租赁资产 　　贷:长期应收款 　　　　未担保余值 应向承租人收取的价值损失补偿金记为: 借:其他应收款 　　贷:营业外收入
存在未担保余值,不存在担保余值	借:融资租赁资产 　　贷:未担保余值
担保余值和未担保余值均不存在	出租人无须作会计处理,只需作相应的备查登记。

(2)优惠续租租赁资产。融资租赁期满,在承租人可能进行优惠续租租赁资产的情况下,出租人的会计处理如表4—6所示:

表4—6 融资租赁期满优惠续租租赁资产情况的会计处理

情况分类	出租人会计处理
承租人行使优惠续租选择权	视同该项租赁一直存在而作出相应的会计处理
租赁期届满时承租人没有续租	视同表4—5中收回租赁资产的会计处理
承租人留购租赁资产	收到购买价款时: 借:银行存款 　　贷:长期应收款 如存在未担保余值: 借:营业外支出 　　贷:未担保余值

【例】沿用第 78 问中的例题,当租赁期满时,B 公司享有优惠购买选择权,购买价 200 元,估计期满时的公允价值500000 元,不存在未担保余值。由于 B 公司行使了优惠购买选择权,属于承租人留购租赁资产的情况,则根据前述会计处理方法,A 融资租赁公司的会计分录为:

借:银行存款　　　　　　200
　 贷:长期应收款　　　　 200

86. 融资租赁行业"营改增"新政有哪些变化

2013 年 12 月 12 日,财政部、国家税务总局联合颁布《关于将铁路运输和邮政业纳入营业税改征增值税试点的通知》(财税[2013]106 号,以下简称营改增新政),较财税[2013]37 号、财税[2011]111 号文(以下简称营改增旧政)而言,新政(财税[2013]106 号文)更接近融资租赁行业以增值额为税基征税的目标。为开展有形动产融资性售后回租服务铲除了政策障碍;明确了商务部授权的省级商务主管部门和国家经济技术开发区批准的从事融资租赁业务的试点纳税人享受政策的条件;调整了除融资性售后回租以外的有形动产融资租赁服务扣除项目;限定税收优惠政策的期限。

【例 1】由于缺乏与售后回租业务配套的相关税收政策规定,2012 年 1 月 1 日上海试点营改增以来, 税收征管要求售后回租的本金部分也需开票,但未明确扣除本金差额凭据,结果是售后回租业务本金被重复征税,导致融资租赁行业售后回租业务严重受挫,甚至停止。营改增新政引入了企业会计准则对售后回租的定义。此举更接近融资租赁行业以增值额为税基征税的目标,也为融资租赁公司的财务人员和基层税务局的税务人员的具体操作提供了依据。

新政消除了重复征税,只对售后回租业务的增值额征税,规定:"经中国人民银行、银监会或者商务部批准从事融资租赁业务的试点纳税人,提供有形动产融资性售后回租服务,以收取的全部价款和价外费用,扣除向承租方收取的有形动产价款本金,以及对外支付的借款利息(包括外汇借款和人民币借款利息)、发行债券利息后的余额为销售额。"

最为重要的是解决了征管中存在的不确定性,规定:"试点纳税人提供融资性售后回租服务,向承租方收取的有形动产价款本金,不得开具增值税专用发票,可以开具普通发票。"解决了承租人二次抵扣的问题。同时规定:融资性售后回租服务中向承租方收取的有形动产价款本金,以承租方开具的发票为合法有效凭证。因财税[2013]106 号文件并未提及国家税务总局 2010 年 13 号公告废止,所以承租方开具的发票应为普通发票,并不征税。

【例 2】相对于营改增旧政,营改增新政扣除项增加了发行债券利息和车辆购置税,减少了关税、进口环节消费税。

【例 3】对有形动产融资租赁服务实行增值税即征即退政策,营改增旧政没有规定期限,而营改增新政规定在 2015 年 12 月 31 日前,对其增值税实际税负超过 3%的部分实行增值税即征即退政策。

第五章　融资租赁合同管理

87. 什么是融资租赁合同？融资租赁合同的构成是怎样的

融资租赁合同，是指出租人根据承租人对出卖人、租赁物的选择，向出卖人购买租赁物，提供给承租人使用，承租人支付租金的合同。

融资租赁合同的总体架构概括来讲，就是：一项交易、两个合同、三方当事人，具体如表5—1所示：

表5—1　融资租赁合同的总体架构

总体架构	具体内容
一项交易	融资租赁交易，包括两项分交易，即买卖交易和租赁交易，这两项分交易共同构成了一项融资租赁交易。
两个合同	买卖合同及融资租赁合同。
三方当事人	指融资租赁交易中的出租人、承租人和出卖人，这三方当事人通过买卖合同、租赁合同建立起权利、义务关系，从而完成一项融资租赁交易。

【例】A公司为融资租赁公司，B公司为一家印刷企业，C公司为一家印刷设备生产厂商，为扩大生产规模，B公司拟采取融资租赁的方式引进一台大型印刷设备，经过谈判后达成协议，则该项业务融资租赁合同的总体架构如表5—2所示：

表 5—2 印刷设备引进融资租赁合同的总体架构

总体架构	具体内容
一项交易	该印刷设备融资租赁交易,包括两项分交易,即 A 融资租赁公司与 C 印刷设备厂商的买卖交易和 A 融资租赁公司与 B 印刷企业的租赁交易,二者共同构成该印刷设备的融资租赁交易。
两个合同	A 融资租赁公司与 C 印刷设备厂商签订的买卖合同; A 融资租赁公司与 B 印刷企业签订的融资租赁合同。
三方当事人	出租人:A 融资租赁公司; 承租人:B 印刷企业; 出卖人:C 印刷设备生产企业。

88. 融资租赁合同与传统的租赁合同有哪些不同

传统的租赁合同注重物的使用,而融资租赁则是一种融资与融物相结合的信用方式,具体表现为"借物还钱"。融资租赁合同与租赁合同相比较,其不同之处如表 5—3 所示:

表 5—3 融资租赁合同与租赁合同的区别

区别	具体内容
出租人对租赁物的购买顺序不同	订立传统租赁合同时,出租人是先有租赁物后订立租赁合同; 订立融资租赁合同时,出租人并没有租赁物,需要依承租人要求出资向出卖人购买。先购买后出租,这是融资租赁合同不同于传统租赁合同的重要特点。
购买租赁物品种的决定权不同	传统租赁中,由出租人自行购买租赁物,再出租给承租人使用; 融资租赁中,因承租人使用租赁物的复杂性,出租人没有相应的业务经验去选购租赁物,也没有相应的信息去选择出卖人。因此,一般选择出卖人、选购租赁物是由承租人决定的。出租人作为买受人,主要是履行支付价款的义务。
租金确定依据不同	传统租赁合同中租金的确定依据为承租人对租赁物的占有时间; 融资租赁合同中租金的确定依据为承租人对出租人资金的占有时间,租金的计算,除当事人另有约定外,应当根据购买租赁物的大部分或者全部成本以及出租人的合理利润确定。

【例】A 公司为融资租赁公司,B 公司为建筑公司,C 公司为大型挖掘机生产商,D 公司为工程机械设备租赁公司,则:

(1)采用融资租赁方式的合同为:先由 B 公司指定挖掘机的型号,A 融资租赁公司与 C 挖掘机生产厂商签订买卖合同,A 融资租赁公司与 B 建筑公司签订融资租赁合同。

(2)选择传统租赁方式的合同为:由 B 公司根据自己的业务需要,直接到 D 工程机械设备租赁公司选择合适的挖掘机设备,并签订相应的租赁合同。

89. 融资租赁合同应当采用哪种形式? 包括哪些基本条款

融资租赁的融资租赁合同应采用书面形式。融资租赁合同的基本条款一般包括租赁物的基本情况条款,租期条款,租金条款,租赁物的交付及验收条款,租赁物的使用、维修与保管条款,租赁物的保险条款,租赁物期满时的处理条款,违约救济条款,争议解决条款等。

【例1】A 公司为融资租赁公司,B 公司为生产企业,B 公司希望通过融资租赁的方式引进一台生产设备,A 公司与 B 公司经谈判后达成一致,但只有将谈判的内容形成书面合同,才能认为双方订立了融资租赁合同。

【例2】A 融资租赁公司与 B 公司协议签订一份融资租赁合同,融资租入一套汽车发动机零部件生产线,其基本合同条款内容如表5—4所示(融资租赁合同样本见附件十四)。

表5—4 A 公司与 B 公司签订的融资租赁合同条款

条款分类	具体内容及需考虑的要素
租赁标的	汽车发动机零部件生产线。
设备售价	850 万元。
融资金额	800 万元,融资比例为94.12%。
利率	人民银行公布的同期贷款利率上浮一定比例。
租期条款	根据设备情况及承租人的偿还能力,设定合同期限。

续表

条款分类	具体内容及需考虑的要素
租金条款	租金的构成和计算方式、租金支付的货币币种、租金支付方式、支付的间隔期、成本核算、成本摊收方式、租赁利率或租赁费率。
租赁物的交付及验收条款	交付方式、验收方式等。
租赁物的使用、维修与保管条款	该汽车发动机零部件生产线的所有权和使用权、灭失和损毁处理方式等。
租赁标的	汽车发动机零部件生产线。
设备售价	850万元。
融资金额	800万元,融资比例为94.12%。
利率	人民银行公布的同期贷款利率上浮一定比例。
租期条款	根据设备情况及承租人的偿还能力,设定合同期限。
租金条款	租金的构成和计算方式、租金支付的货币币种、租金支付方式、支付的间隔期、成本核算、成本摊收方式、租赁利率或租赁费率。
租赁物的交付及验收条款	交付方式、验收方式等。
租赁物的使用、维修与保管条款	该汽车发动机零部件生产线的所有权和使用权、灭失和损毁处理方式等。
租赁物的保险条款	由承租人出资投保,险种为机损险和财产一切险等出租人认为必须的险种;保险第一受益人为租赁公司,保险年限需覆盖租赁年限,投保比率不得低于年度未还贷款本金的120%。
租赁物期满时租赁物的处理条款	期满时该生产线续租、留购、返还等处理方式; 退租要确定具体日期和退租交接手续; 续租要确定续租确定日期及续租手续、程序; 留购要确定留购价格、支付币种、方式、时间、交接手续; 但因生产线是由承租人需要和选购的,因此,租赁期满,根据合同约定,A融资租赁公司以名义价格将租赁物的所有权转让给B公司。
租赁物的担保	提供A融资租赁公司认可的还款保证,可采取多种担保方式,如:提供第三方担保人,提供抵、质押物等。
违约救济条款	违约责任的认定、因违约产生的相关费用的承担方等。
争议的解决条款	协商解决及不能协商解决时的处理方式,一般包括协商、诉讼和仲裁三种方式,草拟合同时,当事人双方A、B公司应站在自己作为出租人或者承租人角度,选择更有利于保护自己合法权益的争议解决方式及相应的地域管辖机构。

90. 融资租赁合同包括哪些特别条款

融资租赁合同的特别条款一般包括租赁物交付条款;瑕疵担保免责条款和不可解约条款等。

【例】A 融资租赁公司与 B 公司协议签订一份融资租赁合同,融资租入一台起重机,其特别合同条款内容如表5—5 所示:

表5—5　A公司与B公司签订的融资租赁合同特别条款

条款分类	具体内容
租赁物交付条款	融资租赁合同一般都规定由供货商向承租人交付租赁物,即 A 公司不必到交付现场确认交付该起重机,不必直接向 B 公司履行交付义务。
瑕疵担保免责条款	融资租赁合同中一般明文规定出租人不承担瑕疵担保责任,即在合同中应约定,A 公司不承担该起重机的瑕疵担保责任。
禁止中途解约条款	融资租赁合同中一般都有类似"除合同约定条款外,未经对方书面同意,任何一方不得中途变更或解除合同"的规定。

91. 融资租赁合同通常需要哪些附件

融资租赁合同的附件通常包括但不限于:

(1)合同当事人的营业执照;

(2)合同当事人的法定代表人或其授权人的资格证明;

(3)设备清单;

(4)相关的买卖合同;

(5)相关的担保合同;

(6)租赁物验收报告;

(7)租金支付表;

(8)租赁物所有权转让确认书;

(9)租赁物财产保险合同副本;

(10)(租金用外汇支付时的)外汇(转)贷款登记证副本;

(11)(售后回租情况下的)承租人董事会相关决议。

【例1】租赁物件所有权转让确认书：

租赁物件所有权转让确认书

编号:2010 年××字第×× 号

ZZ 租赁有限公司:

根据 2010 年×月×日我司(卖方)与贵司(买方)、承租人 YY 有限公司签订的"(2010)××字第××号"《租赁物件买卖合同》(以下简称《买卖合同》),现我司确认如下:

我已收到贵司依据《买卖合同》约定应当支付的全部货款。《融资租赁合同》附件一《设备清单》所列设备的所有权,自贵司根据《买卖合同》约定向我司支付全部货款之时起即转至贵司名下。货款支付时间以买方银行划款凭证所记载的日期为准。买方银行划款凭证是本确认书的有效组成部分。

本《租赁物件所有权转让确认书》是《租赁物件买卖合同》不可分割的有效附件。

确认人:××有限责任公司

(公章)

法定代表人(授权代表)签字:

日期: 年 月 日

【例2】租金支付表(格式)：

融资租赁合同编号:2010 年××字第×× 号

租赁支付表编号:

出租人名称:ZZ 租赁公司

致:YY 公司

根据 ZZ 租赁公司(出租人)以及 YY 公司(承租人)签订的编号 2010 年××字第××号《融资租赁合同》以及我公司作为出租人与承租人签订的编号为×××××××的租赁附表,我公司特向承租人出具本租金支付表:

期数	支付日	归还本金额	实收利息	每期应还租金

备注:

(1)租金支付方式:按季等额支付。

(2)第一期租赁利息和租金总额:以起租日至第一期租金支付日的实际天数计算第一期租赁利息和租金总额。

第一期租赁利息=租赁成本×租赁利率×实际天数/360(天)

第一期租金=第一期租赁本金+第一期租赁利息

租金总额=第一期租金+剩余 11 期租金

(3)所有租金及其他应支付款项应当支付至出租人如下银行账号:

户名:××租赁有限公司

开户行:ZG 银行北京××支行

开户地址:××市××区××街×× 号

人民币账号:×××××××××

本《租金支付表》是"编号 2010 年××字第××号"《融资租赁合同》不可分割的有效组成部分。

注:根据合同的不同,相应的合同格式可能会有不同,但核心内容是相同的。附件十一、附件十二给出了包含主要附件的融资租赁买卖合同和融资租赁合同的范本。

92. 融资租赁合同中出租人的权利和义务是什么

在融资租赁合同中,出租人享有的权利和所需承担的义务如表5—6所示:

表5—6　融资租赁合同中出租人的权利和义务

	具体内容
出租人权利	(1)租赁物的所有权; (2)免除责任的权利,一般包括瑕疵担保免责权和租赁物造成第三方损害的免责权; (3)收取租金的权利; (4)收回租赁物的权利。
出租人的义务	(1)购买租赁物的义务; (2)确保承租人对租赁物的占有和使用协助的义务; (3)协助义务。

【例】B建筑公司拟通过融资租赁的方式引进一台挖掘机,经协商谈判,A融资租赁公司与B建筑公司签订了一份融资租赁合同,C公司是挖掘机生产厂商,则在该份融资租赁的合同中,A公司的权利和义务如表5—7所示:

表5—7 挖掘机融资租赁合同中A融资租赁公司的权利和义务

	具体内容
A公司的权利	(1)该挖掘机的所有权; (2)因采用融资租赁的方式,该挖掘机的购买型号和厂家由B公司指定,因此不承担因购买该挖掘机所产生的经济后果,即瑕疵担保免责。此外,如果在挖掘机使用过程中,造成了建筑工地财物或工人损伤,则出租人不负担因损伤所产生的责任,即第三方损害免责; (3)按合同中约定的时间、数额及方式收取租金; (4)如果在合同约定租赁期满的租赁物处置的方式是"退租",A公司享有收回该挖掘机的权利。

续表

	具体内容
A 公司的义务	(1)向 C 公司支付购买挖掘机的货款; (2)确保租赁期间 B 公司对该挖掘机的使用和占有,如果因 A 公司的原因导致 B 公司不能正常使用该挖掘机,则由 A 公司承担相应的赔偿责任; (3)根据《合同法》第 240 条规定,在 B 公司行使索赔权的时候,A 公司作为合同的当事人,有义务进行协助;

93. 融资租赁合同承租人的合同权利和义务是什么

在融资租赁合同中,承租人享有的权利和所需承担的义务如表 5—8 所示:

表 5—8　融资租赁合同中承租人的权利和义务

	具体内容
承租人权利	(1)选择出卖人和租赁物的权利; (2)占有、使用租赁标的物的权利; (3)对租赁物的优先购买权。
承租人的义务	(1)对租赁物件进行检验和受领的义务; (2)妥善保管、使用租赁物件的义务; (3)支付租金的义务; (4)承担租赁物件毁损灭失和造成第三者人身或财产损害的风险; (5)返还租赁物件的义务。

【例】沿用第 90 问中的 B 建筑公司通过融资租赁的方式引进挖掘机的例子,则该案例中 B 公司的权利和义务如表 5—9 所示:

表 5—9　挖掘机融资租赁合同中 B 公司的权利和义务

	具体内容
承租人权利	(1)选择挖掘机生产厂商,挖掘机型号; (2)占有、使用该挖掘机的权力; (3)在 A 公司转让该挖掘机时,在同等条件下,B 公司享有优先购买的权利,由于在融资租赁期满时,B 公司仅须支付象征性的价款即可取得租赁物的所有权,因此在这种情况下,B 公司的这种权利又被称为"廉价购买权"或"优惠购买权"。

续表

	具体内容
承租人义务	(1)对挖掘机进行检验和受领； (2)妥善保管、使用挖掘机； (3)支付租金给 A 融资租赁公司； (4)挖掘机如使用不当造成工地上人财物的损失,B 公司应承担赔偿责任； (5)如果在合同约定租赁期满的租赁物处置的方式是"退租",B 公司应将挖掘机返还给 A 公司。

94. 订立融资租赁合同应当注意哪些问题

融资租赁合同涉及多个合同、多方当事人,合同涉及金额一般非常大,在签订合同时当事人之间应当进行充分的协商,通过合同来明确责任,防止合同漏洞,预防风险。订立融资租赁合同时,应当注意的主要问题包括对合同双方当事人主体资格的审查、确保融资租赁合同当事人的意思能够真实表示、对融资租赁合同的主要条款进行商定、融资租赁合同内容的合法性、注意融资租赁合同形式的合法性等。

【例】订立融资租赁合同过程中,应当注意的主要问题如表5—10所示:

表 5—10   订立融资租赁合同应当注意的主要问题

应注意的问题	具体内容
主体资格审查	审查承租人的资信； 签订融资租赁合同时有代理人的,应注意审查其代理资格。
融资租赁合同当事人的意思	融资租赁合同是双务合同,是建立在双方当事人协商一致的基础之上,因此,当事人的意思表示要真实、自愿。如实践中,有承租人与供货人恶意串通,骗取出租人资金的情况。一旦一方当事人发现自己在签合同时由于上述原因而导致意思表示并不真实,从而使自己在合同中的利益受到伤害时,都应及时提请法院或仲裁机构宣告合同无效或予以撤销,来维护自己的正当权益。当然,合同是否无效,是否应予以撤销,其确认权并非任何人都可以行使,它只能由人民法院或仲裁机构独享。

续表

应注意的问题	具体内容
融资租赁合同的主要条款	租赁物的名称、品质、规格、数量和金额； 租赁财产的交货、验收、交货地点和使用地点约定； 租金的币种、金额、利率、支付日期和方式； 关于融资租赁合同的担保事项； 关于租赁物的保险问题； 关于税收的承担问题； 关于租赁物迟延交货或发生质量瑕疵的索赔问题； 关于租赁的起止日期； 租赁物的用途； 关于租赁物的维修、保养； 租赁合同的变更、解除和转让； 双方的义务及其违约责任； 融资租赁合同期满时租赁财产的处理； 关于违约责任； 注意不同融资租赁合同的个性化条款。
融资租赁合同内容的合法性	要使融资租赁合同成立并生效，合同的内容必须合法，即不得违反国家现行的法律、法规和政策，不得违反社会公共利益。实践中，内容违法的融资租赁合同屡见不鲜，例如，合同的标的违法，支付的币种违法等等。
注意融资租赁合同形式的合法性	融资租赁合同双方当事人就合同条款达成一致并签字，融资租赁合同即告成立，融资租赁合同，包括其附件供货合同，都必须采用书面形式，口头合同不受法律保护。实践中，当事人一定要注意这个问题，以免发生纠纷时，得不到法律保护而产生损失。

95. 什么是融资租赁的合同期限？合同期限与租赁期限有什么不同

融资租赁的合同期限是始自该合同生效之日、止于该合同终止之日的履行期间。而租赁期限则是指承租人向出租人租用租赁物的期间。它的要素包括起始时点(某年某月某日)和时间长度(几个月)，终止时点由起始时点和时间长度推导得出。

融资租赁合同一旦签订，合同期限就开始了。然而此时出租人尚未开始付款，承租人对租赁物的占有无从谈起。因此，还需要设定一个以不同于合同生效日的起租日为始点的租赁期限,租赁期限的设定以承租人占有出租人提供的资金的始点和期间长短为依据,这是我国融资租赁业界较为通行的做法。

【例】A 融资租赁公司与 B 生产企业签订了一份数控机床的融资租赁合同,C 公司为数控机床的生产厂商, 合同的签订日期是 2015 年 6 月 5 日, 在 2015 年 7 月 1 日,A 融资租赁公司向 C 公司即出卖人支付了货款,根据 A、B 公司双方合同约定,起租日为 A 公司向出卖人 C 公司支付货款之日,租赁期限自起租日起计算,共 36 个月。则在该例中,合同生效日为 2015 年 6 月 5 日, 而租赁期限则是从 2015 年 7 月 1 日开始计算的。

96. 融资租赁合同是否可以中途解约

融资租赁合同中一般都有类似"除合同约定条款外,未经对方书面同意,任何一方不得中途变更合同内容或解除合同"的规定,但在少数情况下允许解除。

【例】融资租赁合同严格限制中途解约的原因,主要在于租赁物是出租人按照承租人的指定购买的,一般不具有通用性,若中途解约,不利于出租人偿付融资本息,其所投入的各项资金成本难以收回。极少数情况下,通过承租人和出租人的协商,也可以中途解约,如在电子计算机及其他办公设备的融资租赁中,由于技术更新迅速,承租人希望改用新型机器的,可以同出租人协商中途解约。

97. 融资租赁承租人可能侵犯出租人对租赁物处分权的行为有哪些

在融资租赁合同中,承租人对租赁物只享有占有、使用的权利,不享有处分权,承租人可能侵犯出租人对租赁物处分权的行为主要包括:

(1)向第三方出售、转让、抵押租赁物;

(2)未经出租人同意,出租租赁物;

(3)将租赁物用于投资或抵债;

（4）未经出租人同意，将租赁物做重大改造或迁离合同约定的设置地点等。

【例】假设 A 公司为融资租赁公司，B 公司为建筑企业，C 公司也是一家建筑企业，D 为一家银行。B 公司为了业务需要，采用融资租赁的方式引进了一台大型起重机，则 B 公司有可能侵犯A 公司对该起重机处分权的行为可能有：

（1）B 公司为了缓解资金紧张的局面，将融资租入的起重机抵押给 D 银行；

（2）未经 A 融资租赁公司同意，B 公司将该起重机租给 C 建筑企业使用；

（3）B 公司与 C 公司有债务关系，为还清债务，将起重机交给 C 公司抵债；

（4）未经 A 公司同意，将该起重机进行了改装。

98. 融资租赁合同无效有哪些情形？被认定为无效后应如何处理

根据最高人民法院《关于审理融资租赁合同纠纷案件若干问题的规定》，有下列情形之一的，应认定融资租赁合同为无效合同：

（1）融资租赁合同所涉及的项目应当报经有关部门批准而未经批准；

（2）出租人不具有从事融资租赁经营范围；

（3）承租人与供货人恶意串通，骗取出租人资金；

（4）融资租赁合同形式规避国家有关法律、法规；

（5）依照有关法律、法规规定应认定为无效。

此外，融资租赁的标的物若属国家法律明文限制从事交易的财产（如军火装备）等，也将导致融资租赁合同无效。

融资租赁合同被认定为无效后，按表 5—11 中所列举的情形分别处理：

表 5—11　融资租赁合同无效的处理方法

无效情况	处理方法
承租人的过错造成合同无效	出租人应有权选择收回租赁物，或者请求承租人即时支付出租人所承担的全部购置成本。
出租人的过错造成合同无效	承租人应有权选择请求索回全部已付金额，或者选择留购租赁物。留购价应是出租人所承担的购置成本扣除承租人已付金额后的差额。
出租人和承租人的共同过错造成合同无效	出租人应向承租人返还承租人已向出租人支付的金额，出租人从租赁物公开拍卖或承租人留购中所得价款应该用于冲抵其所承担的购置成本，冲抵后的余额应归承租人所得，冲抵后的不足部分应由承租人向出租人补足。

【例】A 公司为融资租赁公司，B 公司为承租人，为融资与供货商 C 公司签订了一份购买印刷设备的合同，标底金额为 500 万元人民币，并持提货单、购物发票到融资租赁公司签订融资租赁合同，A 融资租赁公司给付资金 500 万元。合同期间，B 公司仅支付了第一期租金，其后再未缴纳，经查发现 B 公司根本未购入该印刷设备，其所持提货单及发票均为伪造。由于在融资租赁中，租赁物多由承租人选择，出卖人也一般是由承租人指定，因此为承租人与出卖人串通骗取占用出租人的资金提供了方便条件，此案中 B、C 公司主观串通意愿明显，利用合同作为欺诈工具，共同骗取 A 融资租赁公司资金，因此，该合同属于恶意串通，损害第三人利益的合同，应为无效合同，B、C 公司应返还 A 融资租赁公司支出的购置成本 500 万元。

99. 融资租赁合同在何种情况下可以解除？应如何处理

融资租赁合同在下述情况下解除，即租赁物未交付、合同法定无效、租赁物毁损灭失或者合同一方根本违约。若融资租赁合同中没有约定合同解除时的处理，则应按《中华人民共和国合同法》第二百四十八条或第二百四十九条的规定执行。具体的情况如下：

(1)融资租赁合同因租赁物未交付而解除。此时出租人应向承租人返还承租人已向出租人支付的全部金额。由此造成的损失是否及如何在合同当事人之间分担,由合同约定。

(2)合同法定无效时解除。此部分内容在第98问中已经阐述,在此不再进行赘述。

(3)租赁物损毁灭失或合同一方根本违约解除。此时如何进行损失赔偿,由合同约定,即在合同中应该有相应的条款,对过错方如何赔偿损失做出明确的约定,否则,就应依《合同法》的规定执行。所谓承租人根本违约,除了承租人发生对租金的实质性拖欠外,还包括承租人发生了合同约定的应视为侵犯出租人对租赁物的处分权的行为。承租人根本违约时应该做损失赔偿。其下限至少是要补偿出租人的未收回的购置成本。

【例】B汽车生产厂商以下简称B公司拟通过融资租赁的方式引进一台数控机床,用于扩大生产规模,经协商谈判,与A融资租赁公司签订了一份融资租赁合同。合同中有关融资租赁物损毁的规定如下:

(1)租赁期限内租赁物毁损及灭失风险,均由承租人B公司承担。

(2)如租赁物发生毁损或灭失,承租人B公司应立即通知出租人A融资租赁公司。出租人可通知承租人采取下列处理方式,并由承租人负担所需一切费用:

> 如租赁物可以修复,承租人B公司应将租赁物修复至完全正常使用状态。

> 如租赁物已灭失或毁损到无法修复的程度时,承租人B公司应当赔偿出租人A融资租赁公司的全部损失。前述损失包括但不限于全部剩余租金、租赁物名义价款及其他各项应由承租人承担的费用。

100. 融资租赁中承租人可能发生的违约情况通常有哪些？应如何处理

在融资租赁合同中,承租人可能出现的违约情况通常有欠租、擅自转让或处分租赁物、租赁物损毁等其他违约情况,其处理方法如表5—12所示:

表 5—12 融资租赁合同承租人违约情况及处理方法

承租人违约情况	处理方法
承租人未按照约定的时间和金额支付租金,即通常所谓的"欠租"。	承租人未按合同约定支付部分或全部租金,属违约行为,应按合同约定支付租金、逾期利息,并赔偿出租人相应的损失。在实务中,承租人不付租金时,出租人首先进行催告,在催告期限内,承租人依然没有交纳租金,出租人可以依法行使权利。
承租人擅自转让或处分租赁设备	因为租赁标的物的所有权归出租人所有,因此,承租人的处分行为是无效的,出租人有权收回租赁物,并要求承租人赔偿损失。在融资租赁合同中,往往也对此加以特别约定,禁止承租人处分租赁物。一旦承租人私自处分租赁物就构成违约,出租方可以依据合同径直追究承租方的违约责任。
由于使用、保养、维修不当,造成租赁设备损坏	融资租赁中承租方承担维修保养义务,在融资租赁合同中,对此也应有约定,当承租方不履行该义务时,就构成违约。承租人应将租赁物修复至完全正常使用状态,若无法修复则应赔偿出租人的全部损失。
未履行合同约定的其他义务或履行义务不符合合同约定	出租人有权要求承租人赔偿相应损失。

【例】B 汽车零部件生产企业为扩大生产规模,拟引进 5 台数控机床,经与 A 融资租赁公司协商,签订了融资租赁合同。在该合同中,对承租人的违约情况及处理方式双方约定如下:

(1)若 B 公司未按时足额支付租金,或 B 公司有擅自将租赁物设置担保、转让或投资入股等侵害 A 融资租赁公司对租赁物所有权的任何行为,均视作 B 公司在本合同项下的严重违约,A 融资租赁公司有权采取以下任一种措施或同时采取以下多种措施:

①A 融资租赁公司有权就到期未付的款项按租赁利率的××%或按人民银行同期公布的贷款逾期利率(以高者为准)按日向 B 公司收取逾期违约金。

②要求 B 公司立即停止侵害,恢复租赁物交付时原状并要求 B 公司按向 A 融资租赁公司支付的租赁物的购买价款的×%支付违约金。

③行使加速到期权,宣布相应租约立即到期,要求 B 公司按照合同提前终止的约定条款执行,付清所有应付款项。

④本合同继续履行,B 公司应向 A 融资租赁公司支付本合同项下租

金总本金×%的违约金,并赔偿 A 融资租赁公司全部直接损失。

⑤收回各自拥有所有权的租赁物。若 B 公司付清所有应付款项,A 融资租赁公司应将租赁物所有权转移并交付给 B 公司;若 B 公司未能付清所有应付款项,A 融资租赁公司有权自行将租赁物出售并将出售所得用以抵偿 B 公司应付款项,不足部分再向承租人追索。A 融资租赁公司采取前款措施,并不免除 B 公司在本合同项下的其他义务和责任。

(2)除本合同另有约定外,如 B 公司拒绝履行本合同其他义务的,则构成 B 公司在本合同项下的违约,A 融资租赁公司有权要求 B 公司限期纠正违约行为,并要求 B 公司支付相当于相应剩余租赁本金 X%的违约金;如 B 公司拒不纠正违约行为的,A 融资租赁公司有权宣布相应租约提前到期,要求 B 公司按照本合同提前终止的约定条款执行,并有权实施本款第(1)项第⑤目约定之措施。

(3)如 B 公司违反诚实信用原则,其声明和保证是不准确的,或 B 公司不履行本合同项下的附随义务(如通知、保密、协助等)的,A 融资租赁公司有权要求 B 公司继续履行、采取补救措施,并要求 A 融资租赁公司赔偿直接损失。此损失包括损失本身及有关合理的直接费用,包括但不限于利息、滞纳金、仲裁费、保全费、审计、鉴定费、政府规费、律师费等。

(4)A 融资租赁公司与 B 公司一致确认,上述提及的 B 公司对 A 融资租赁公司的赔偿责任,包括但不限于租金、逾期违约金、违约金等款项的支付。

101. 融资租赁中出租人可能发生的违约情况通常有哪些？应如何处理

在融资租赁合同中,出租人可能出现的违约情况如表 5—13 所示:

表 5—13　融资租赁合同出租人违约情况及处理方法

出租人违约情况	处理方法
未按合同约定支付租赁设备价款	如果出租方迟延履行该义务,即构成对承租方的违约,因此给承租方造成的损失,应由出租方承担。

续表

出租人违约情况	处理方法
未按承租方指定购买租赁物	融资租赁中,租赁物一般由承租方指定,出租方购买;或者承租方作特别授权,出租方可在授权范围选择租赁物。如果出租方未依规定购买租赁物,应为违约,出租方应赔偿给承租方造成的损失。
租赁期间,侵犯承租人的使用权	在融资租赁合同有效期内,出租人非法干预承租人对租赁物的正常使用或擅自取回租赁物而造成承租人损失的,出租人应承担赔偿责任。
出租方擅自提高租金等不履行、不适当履行、迟延履行、拒绝履行的行为	给承租人造成损失的,均应赔偿其相应损失。

【例】沿用第 100 问中的例子,B 汽车零部件生产企业采用融资租赁的方式引进 5 台数控机床,则在该案例的融资租赁合同中,对出租人的违约情况及处理方式双方约定如下:

(1)如 A 融资租赁公司在租赁期内无理干涉 B 公司对租赁物的占有和使用,则构成 A 融资租赁公司在本合同项下的违约,B 公司有权要求 A 融资租赁公司立即停止干涉行为,并要求 A 融资租赁公司赔偿损失。如 A 融资租赁公司拒绝纠正或停止违约行为,并给 B 公司造成严重损失的,则 B 公司有权单方解除本合同,并要求 A 融资租赁公司赔偿损失。

(2)如 A 融资租赁公司违反诚实信用原则,所作的声明和保证是不准确的,或 A 融资租赁公司不履行本合同项下的附随义务(如通知、保密、协助等)的,B 公司有权要求 A 融资租赁公司继续履行、采取补救措施,并要求 A 融资租赁公司赔偿直接损失。此损失包括损失本身及相关合理的直接费用,包括但不限于利息、滞纳金、诉讼费、保全费、审计、鉴定费、政府规费等。

(3)除本合同另有约定外,如 A 融资租赁公司拒绝履行本合同其他义务的，则构成 A 融资租赁公司在本合同项下的违约，B 公司有权要求 A 融资租赁公司限期纠正违约行为，并有权要求 A 融资租赁公司赔偿损失。

102. 如何确定融资租赁合同纠纷的法院管辖权

融资租赁合同纠纷案件的当事人，可以协议选择与争议有实际联系地点的法院管辖。当事人未选择管辖法院的，应由被告住所地或合同履行地法院管辖。根据最高人民法院《关于适用〈中华人民共和国民事诉讼法〉若干问题的意见》第 21 条规定：财产租赁合同、融资租赁合同以租赁物使用地为合同履行地，但合同中对履行有约定的除外。

有管辖权的人民法院由于特殊原因，不能行使管辖权的，由上级人民法院指定管辖。人民法院之间因管辖权发生争议，由争议双方协商解决，协商解决不了的，报请他们的共同上级人民法院指定管辖。

涉外融资租赁合同纠纷案件的当事人可以协议选择处理合同争议所适用的法律；当事人没有选择的，适用承租人所在地的法律。

【例】假设 A 融资租赁公司注册地为天津市，B 建筑公司注册地为北京市，2010 年 1 月 5 日，双方签订一份融资租赁合同，融资租入一台起重机，该起重机在 B 公司大连市的建筑工地使用，双方商定租金按季支付，起租后，B 建筑公司仅支付了一期租金，就不再继续支付租金，经协商无效，A 融资租赁公司提起诉讼，在该案例中，被告 B 建筑公司住所为北京、租赁物使用地即合同履行地为大连，则北京、大连当地法院均可具有对该合同纠纷的管辖权。

103. 如何确定融资租赁的诉讼时效

在融资租赁合同发生的纠纷中，有违约所引起的租赁合同的解除，有违约所导致的损害赔偿请求权的行使，有租赁合同到期后出租人对于租赁物的返还请求权，有因承租人拒付租金所引起的追索租金的请求权等。根据所主张的请求权不同，适用的诉讼时效期间也不同。

(1)延付或者拒付租金的诉讼时效。根据《民法通则》第136条规定，延付或者拒付租金的诉讼时效期为1年；

(2)其他基于租赁合同所引起的纠纷的诉讼时效。根据《民法通则》第135条规定，其他基于融资租赁合同引起的纠纷，向人民法院请求保护民事权利的诉讼时效期为2年。

诉讼时效期从知道或应当知道权利被侵害之日起计算。因此，融资租赁合同发生纠纷后，要及时向法院起诉主张权利，以免超过时效，导致得不到法律保护。

【例】A融资租赁公司与B建筑企业签订了融资租赁合同，融资租入一台大型起重机，起租日为2010年7月1日，合同约定租金每半年支付一次，但B公司2011年1月1日并未按合同约定支付第2期租金，则相关根据规定，分期履行合同的每一期债务发生争议的，诉讼时效期自该期债务履行期届满之日的次日起算。即从2011年1月2日起，即开始计算诉讼时效，期间为1年，在协商仲裁无效的情况下，A融资租赁公司应在此期间内提起诉讼。

104. 国际融资租赁合同包括哪些共同性条款

国际融资租赁合同中除使用先决条件、不可抗力、法律适用与司法管辖等共同条款外，还常常使用具有特殊作用的共同性条款，如对第三人的侵权责任条款、违约条款、出租人在供应协议(买卖合同)项下权利的转让、租赁设备的风险负担、禁止中途解约、预提税条款、承租人破产的法律后果等。

【例】国际融资租赁合同中的共同性条款及相关内容如下：

(1)对第三人的侵权责任条款。这一条款意在整体排除因租赁设备原因和设备使用原因而造成的出租人侵权责任。但是根据多数国家的侵权法或产品质量法，在由于租赁设备的产品质量不合格而造成对第三人侵权时，该设备的制造商和销售商实际上负有无过错赔偿责任和连带赔偿责任，并且此类法定责任无法以特约排除。因此，承租人在负担本条款责任的条件下仍有权向该设备的制造商和销售商因产品质量不合格的侵权责任追偿。

(2)违约条款。本条款中应对违约事件、违约责任和责任方式作出约定。在列举承租人违约情况后,融资租赁协议中对于承租人违约责任的救济方式通常包括:出租人有权要求承租人按约补交租金并支付迟延利息负担;出租人有权要求承租人支付赔偿金或约定比例的违约金;出租人还有权要求提前终止租赁协议,并要求承租人返还租赁设备;当事人约定或相关国家法律规定的其他救济措施。

在融资租赁协议中,通常不设针对出租人的违约事件约定,这与出租人的义务在先并且不具有持续性有关;但在发生了租赁设备不能交付或类似违约事项时,承租人实际上仍可依据相关国家的法律获得救济。

(3)出租人在供应协议(买卖合同)项下权利的转让。在融资租赁关系中,出租人实际上将交付租赁设备的义务,通过供应协议已转移于供应商;而在供应商迟延交货、不能交货或交付的设备有质量缺陷时,承租人并无追索的合同依据,该追索权利依据供应协议应由出租人享有。为解决此问题,融资租赁协议中通常规定有出租人对其在供应协议项下权利转让的条款。此条款一般规定:

①在发生租赁设备交货违反供应协议或其他需要行使供应协议项下权利的情况时,出租人应当将其在供应协议项下的索赔权利和其他权利转让于承租人或第三人;

②根据承租人或第三人的要求,出租人将出具为实现上述权利转让所需要的一切文件并提供一切应有的协助;

③除基于故意和重大过失外,出租人对于交货违约和租赁设备的任何质量缺陷均不负担任何责任。

(4)租赁设备的风险负担。依此条款,租赁设备在租赁期间因不可抗力等不可归责原因而可能毁损或灭失的风险通常均由承租人负担,而出租人则不负担此风险。值得说明的是,按照许多国家的税法和会计制度,国际融资租赁被认为是一种先行实际移转租赁物所有权的交易;

在此种情况下,通常会使用此项租赁设备风险先行移转条款。按照各国的民商法制度,设备的风险负担应当与设备的所有权同时移转;但在融资租赁中,由于租赁设备处于承租人的直接占有和支配之下,并且当事人实际上已对该租赁设备投有保险,故本条款对当事人的实际利益影响很小。

(5)禁止中途解约。根据本条款规定,自租赁协议生效之日起,承租人在租赁期间将无权单方解约或要求解约。由于融资租赁中的租赁设备实际上是由承租人选择确定的,是专为承租人需要而购买的,并且其一般不具有通用性;因此如果允许承租人依据租赁协议的准据法单方解约或者提出协议解约,将可能造成出租人难以弥补的损失,该租赁设备往往难以通过转售得到应有的补偿。因此,出租人通常要求在融资租赁协议中对于解约加以严格的限制。

(6)预提税条款。除少数国家外,多数国家对于外国公司组织在本国境内设有常设机构并且来源于该国的利息和租金征收所得税,该征税多采取向承租人征收预提税的方式。由于各国间税率的差别和国际间避免重复征税协定的存在,融资租赁中的税收问题通常在租赁结构阶段即已考虑。在多数的融资租赁协议中,预提税条款仅原则规定:承租人所在国通过预提税方式征收的所得税和其他税赋,均由承租人负担,而出租人不予负担,出租人收取的租金应为税后收益;如果该条款试图规定对出租人所得的预提税由承租人在支付租金时代扣,则还须由承租人承诺该预提税的比例限额和计算方法。

(7)承租人破产的法律后果。本条款应当对租赁期间发生的承租人破产后果加以约定,其内容通常为:

①在租赁协议有效期内,如果发生了承租人破产或者将处于破产状态,并且不能支付租金时,出租人有权提出提前终止租约,并收回租赁设备;

②承租人有责任向法院和破产管理人申报将该租赁设备不列入破产财产,并有责任对欠缴的租金申报债务;

③在上述情况下,出租人有权对不能收取的租金主张债权并要求赔偿。这一条款的作用在于当承租人发生了破产或可能破产的事由时,使出租人取得提前解约权并保全其对租赁设备的所有权。

除上述条款外,融资租赁协议通常附有若干附件,并被视为融资租赁协议不可分割的组成部分,它们通常包括租赁设备明细表、租赁委托书及附表、租赁设备确认书、供应合同副本、担保人出具的保函等。

第六章　融资租赁风险管理

105. 什么是融资租赁风险

融资租赁风险是指租赁未来结果的不确定性(如未来收益变化的不确定性、未来资产成本的不确定性等)给融资租赁项目带来损失的可能性。

【例】融资租赁的本质是一种金融性质的中介服务,具有一次性投资金额大、租期长、投资回收期内变数多、不可测因素多等特点,是典型的风险业务。风险的产生是由融资租赁业务本身的特点以及外部因素共同作用的结果,如出租人、承租人和出卖人立场的差异以及租赁物所有权和使用权的分离,是融资租赁风险产生的客观基础。

106. 融资租赁风险如何进行分类

融资租赁的风险来源于许多不确定因素,是多方面并且相互关联的,在业务活动中,对风险进行科学的分类,有助于充分了解各种风险的特点,全面地对风险进行分析,并进一步制定相应的对策。融资租赁的风险一般可分为信用风险、市场风险、技术风险、经济风险以及不可抗力风险。融资租赁的风险分类如表6—1所示:

表 6—1　融资租赁的风险种类

风险分类	具体内容
信用风险	债权风险、物权风险等。
市场风险	利率风险、汇率风险、行业风险、经营风险、财务风险、产品市场需求风险、产品市场竞争能力风险、产品更新替代风险、原材料供应风险、同行间的恶性竞争风险等。
技术风险	成熟度风险、技术寿命风险、技术管理风险等。
经济风险	政策风险、产业周期和商业周期等产生的风险等。
不可抗力风险	政治风险、自然灾害风险等。

【例】以信用风险中的债权风险为例,目前,由于融资租赁行业的资信评估和风险管理能力还有待进一步提高,同时国家宏观调控也将影响承租人的经营状况,处于国家宏观调控重点领域内或关联领域的承租企业必将受到影响,进而增加承租人的违约率。通常认为承租人非实质性违约和承租人经营状况恶化,是导致信用风险的主要原因。

A 公司为融资租赁公司,B 公司为建筑企业,B 公司在 2008 年 1 月为满足不断增长的业务量,与 A 公司签订了融资租赁合同,融资租入一批建筑工程机械,但受国家对房地产市场调控政策的影响,业务量逐步下滑,经营状况恶化,出现租金逾期,不按融资租赁合同约定履行融资租赁合同义务,这对 A 融资租赁公司而言,在财务报表上可能形成呆账、坏账,将产生债权风险,坏账率的上升将造成 A 融资租赁公司的净资产收益率直线下降甚至亏损。

107. 融资租赁风险管理的流程是怎样的

从过程顺序来看,融资租赁风险管理的流程一般划分为:风险识别、风险预测、风险评估、风险防范、风险控制五个步骤。

【例】融资租赁风险管理流程步骤具体如表 6—2 所示:

表6—2　融资租赁风险管理的流程

流程步骤	目的
风险识别	找出产生风险的原因。
风险预测	建立风险预警机制,预测可能发生的风险。
风险评估	对风险进行评估,以判断风险发生可能引起的损失和不良影响。
风险防范	尽量采取相关手段规避风险的发生。
风险控制	采取方法控制风险,尽量减少风险的损失和影响面。

108. 什么是融资租赁风险识别

融资租赁风险的识别是出租人通过对承租人所处外部、内部环境和企业各项信息采集、甄别、处理,对影响预期目标、业务进程、环境变化等诸多因素进行识别。

【例】A公司是融资租赁公司,B公司是一家生产高新技术材料的企业,目前,B公司为扩大生产规模,向A公司提交了融资租赁申请,融资租入一套大型生产设备,为此,A公司对该融资租赁项目的可行性进行详尽审查,目的是识别潜在的风险。

(1)从B公司所处行业的成长性来看,该公司产品属高科技项目,具有投资少、附加值高、见效快、易批量生产等优势,被广泛应用于各个生产制造领域,市场前景良好,技术寿命风险较小。

(2)B公司生产布局比较合理,水电供应便利,原材料供应渠道顺畅,劳动力成本优势明显,技术管理风险较小。

(3)该公司生产规模较小,销售收入、资产规模、盈利和市场份额较小,因此存在一定的市场风险。

(4)B公司的项目得到行业、地方政府、银行等多方面支持,交通、信息等软硬条件很好,无法律限制,无污染,地理位置好。产品生产属于国家及地方政策鼓励进入的行业,相关的政策法规对公司经营有积极影响,政策风险较小。

综合以上情况分析,B公司申请的融资租赁项目具有一定的可行性,

A融资租赁公司可以考虑接受该项目。

109. 如何进行融资租赁风险预警

融资租赁公司要建立风险预警机制,从动态上实现对融资租赁风险的控制。风险预警机制的运行主要是通过设定风险预警指标和预警点。风险预警方式如表6—3所示:

表6—3　融资租赁风险预警指标分类

风险预警指标	操作方法
财务预警指标	一般包括企业的财务状况、内部核算情况、经营效益状况,按承租企业财务报表上报周期定期监测。
非财务指标	一般包括担保状况、内外部管理状况及与金融部门关系状况,一般应即时监测、随时更新。

【例】A融资租赁公司与B汽车零部件生产企业签订了一份融资租赁合同,为防止因B公司自身运营不善而可能给A融资租赁公司带来的经营风险和资产贬值风险,A融资租赁公司每季度对B公司开展现场监督,并与企业负责人、项目负责人或企业财务负责人面谈,掌握B公司运营动态。现场监督应重点考察承租人日常运营是否正常、项目运作是否符合预期。A公司业务部门建立B公司风险现场监督档案,异常情况应及时上报A公司内部设置的风险管理部门。

同时,A公司应重点监控B公司财务情况、项目租金缴付情况,以及企业法人年检和企业贷款卡等情况。原则上,A公司业务部门应会同财务部门,每月收集、分析承租人财务情况,并对租金缴付情况及时作出分析判断,异常情况应立即上报公司风险管理部门。此外,A公司业务部门还应会同公司外聘律师事务所每半年对企业法人年检和企业贷款卡情况进行调查,摸清企业是否存在不良记录。具体的风险预警指标及信号如表6—4所示:

表 6—4　融资租赁风险预警信号

一级指标	二级指标
财务状况预警信号	(1) 资产负债率超过行业平均水平; (2) 资产负债率较前期大幅上升; (3) 流动比率低于行业平均水平; (4) 流动比率前期大幅下降; (5) 速动比率较前期大幅下降; (6) 流动负债增加额大于流动资产增加额; (7) 其他应收款、应收账款占流动资产比重过高; (8) 存货、应收账款周转率比上年同期有较大下降; (9) 注册资本减少; ⑩ 或有负债增加。
内部核算情况预警信号	(1) 账龄 1 年以上的应收账款占比过高或大幅增加; (2) 待摊费用、无形资产、递延资产占资产比重较大或大幅上升; (3) 固定资产折旧或财务费用计提不足; (4) 注册资本未按规定到位。
经营效益状况预警信号	(1) 销售收入较上年同期大幅下降; (2) 利润较上年同期大幅下降; (3) 销售利润率低于同行业水平或较上年同期大幅下降; (4) 经营活动净现金流量减少; (5) 存货大幅下降或存货较年初大幅增加。
担保状况预警信号	(1) 保证人的信用等级下降; (2) 保证人的生产经营状况恶化; (3) 保证人的经营机制和组织机构发生变化; (4) 抵(质)押物被有关机关依法查封、冻结、扣押; (5) 抵(质)押物评估价值严重脱离市场变现价值; (6) 抵(质)押物所有权发生争议。
内外部管理预警信号	(1) 管理层与董事会成员发生较大矛盾; (2) 存在违法经营活动; (3) 内部组织机构不合理,管理水平低,内部案件较多; (4) 财务制度发生重大变化; (5) 不能及时、拒绝向出租人提供财务报表和其他报表资料; (6) 重大项目未能达到预期目标; (7) 对外扩张超过自身承受能力; (8) 产生知识产权纠纷; (9) 频繁更换结算银行; ⑩ 政府政策对该行业发展做出严格限制; ⑪ 不能按期偿还债务,被债权人起诉; ⑫ 遭受重大自然灾害或意外事故,造成财产损失。
与金融部门关系预警信号	(1) 被人民银行或其他金融机构宣布为信用不良客户; (2) 拖欠银行贷款本息或逃废银行债务; (3) 多种还款来源没有落实; (4) 要求银行减免或延缓支付贷款本息。

110. 如何进行融资租赁风险评估

融资租赁风险的评估是判断风险发生可能性及可能引起的损失和不良影响。对于出租人来说，最常见的是对行业风险、财务风险、经营风险、管理风险等方面进行评估，在深入调查研究和科学制定评估标准的基础上，对融资租赁的风险进行综合评估。

【例】沿用第109问中的例子，在风险评估阶段，A融资租赁公司对B公司的财务风险评估方法如表6—5所示：

表6—5　B公司财务风险评估表

项目		风险等级评估		
		低风险	中等风险	高风险
内部管理	财务管理制度	有书面的健全财务管理制度，岗位责任明确。	只有简单的财务管理制度，岗位责任制比较健全。	缺乏基本的财务制度和岗位责任制。
	应收账款质量	账龄超过1年的应收账款占比小于5%。	账龄超过1年的应收账款占比5%（含）以上。	账龄超过1年的应收账款占比10%（含）以上。
	其他应收款占比	其他应收款占流动资产10%以下。	其他应收款占流动资产15%（含）以上。	其他应收款占流动资产25%（含）以上。
对外担保	被担保企业还款能力	无对外担保，或被担保企业实力均很强，代偿可能性很小。	被担保企业实力一般，有代偿可能性。	被担保企业实力较弱，代偿可能性很大，或相关担保已经涉诉，或在金融机构贷款已形成不良。
	或有负债情况	或有负债占比低于25%；或涉诉资产占比低于10%。	或有负债占比25%（含）以上；或涉诉资产占比10%（含）以上。	或有负债占比50%（含）以上；或涉诉资产占比20%（含）以上。
	对外担保集中度	无对外担保。	对外担保的企业间无关联关系，担保较分散。	对外担保主要集中在少数几家关联企业。
融资能力	授信额度使用情况	60%以下。	60%（含）以上，或尚未发生信贷业务。	90%（含）以上。
	已经抵押给银行的资产占比	25%以下。	25%（含）以上。	60%（含）以上。

续表

项目		风险等级评估		
		低风险	中等风险	高风险
融资能力	融资银行数目	2~3家。	4~5家。	1家或大于5家。
	融资渠道	进入资本市场,融资渠道多元化,完全能够满足融资需要,且融资成本低。	未进入资本市场,但可凭借自身实力和信誉获得充足授信,或存在其他融资方式,能满足自身融资需要。	融资能力一般,对银行信贷依赖较大。

111. 如何防范融资租赁中的风险

在融资租赁业务中,市场风险、技术风险、经济风险、不可抗力风险是属于客观风险,可以采取一定的措施进行防范甚至避免。对于一些可以预见并防范的风险,要纳入融资租赁企业的管理体系和业务流程,通过健全、规范业务建制,使融资租赁经营活动的业务流程与过程控制,相关部门间的协调配合与审核制约等均有科学的设计与安排,以便有效地规避风险。

【例】以融资租赁市场风险中的汇率风险为例。假设A融资租赁公司通过银行借入美元,从国外购进进口租赁物,再租赁给承租人——国内一家汽车零部件生产企业B公司运营。因此,A融资租赁公司可能有一定的美元负债,而由于承租人主要为国内企业,很多的租金收入为人民币支付,A融资租赁公司需要将人民币兑换为美元偿还美元负债,由于远期汇率存在不确定性,一般会在期初结汇时同时做一笔远期购汇,锁定汇率。

112. 如何进行融资租赁风险的控制

融资租赁风险的控制是企业运用各种手段和技巧回避、分担、转移和退出风险的策略。任何风险如不加以防范和控制,其负面效应会影响整个项目的正常运行和资金的安全回收。融资租赁公司的风险控制体系一般如表6—6所示：

表6—6　A融资租赁公司风险控制体系

体系设置	主要方式
全程风控	事前：行业分析、行业风控指引； 事中：项目调研、风险评估、集体决策； 事后：资产监督。
全员风控	业务人员、评审委员、资产管理、审计人员等专门进行风控； 财务人员从租金收取环节了解承租人的财务信息是否有异动； 其他人员多渠道关注公司客户的零散资讯。
全面风控	从财务、业务、资产和收益多视角调研、判断与监督，将风险控制在公司可接受的程度之内。

【例】A融资租赁公司为了实现对风险的有效控制，制定了风险控制体系。通过系统设计和全面安排，进行全方位风险控制。对项目执行过程中发现的风险事项，风险管理部应及时组织风险事件处理小组，制定风险处置方案，向风险技术管理委员会报告，并报公司决策层审批。报告一般采取书面形式，说明问题产生的原因，并提出相应的处理措施与风险控制方案，一般的风险处置程序为：

（1）发现有监控的事项发生偏离或发生变更的情况，但不至于形成履约风险的事项，风险管理部应研究确定解决方案，上报公司领导决策。

（2）当融资租赁项目执行过程中出现紧急的重大异常变动事项时（主要是指该事项的出现严重影响到交易对手正常履约，如项目非正常提前中止、交易对手财务状况严重恶化、项目资金被挪用、宏观法律政策环境的重大变化等），A融资租赁公司风险控制部门应与业务部门在第一时间将项目风险状况向有关领导及风险控制委员会汇报，快速采取补救措施，以避免或降低项目损失。紧急事件处理过程可先采取口头沟通的形式，并在事后补充相关的书面报告。

113. 什么是保险？什么是融资租赁保险

保险是以合同形式确立双方经济关系，以缴纳保险费建立起来的保险基金,对保险合同规定范围内的灾害事故所造成的损失,进行经济补偿或给付的一种经济形式。保险是最古老的风险管理方法之一。保险合约中,被保险人支付一个固定金额(保费)给保险人,前者获得保证:在指定时期内,后者对特定事件或事件组造成的任何损失给予一定补偿。

融资租赁保险是指对融资租赁物件在运输、装卸、存储、安装以及租赁物件在租赁期内的使用过程中,可能遭受的风险损失进行经济补偿的一种措施。在融资租赁合同中,一般都有相应的保险条款,来规避租赁期间内出现的风险。

【例】融资租赁保险包括但不限于表6—7所列的种类:

表6—7 融资租赁保险的种类

分类	具体险种
租赁物件运输保险	海洋运输、内陆运输及航空运输保险等。
租赁期内租赁物件保险	财产保险、盗窃险、机器损坏险、营业中断险、建筑工程一切险、安装工程一切险和一揽子保险等。

114. 如何对融资租赁中的租赁物投保

由于融资租赁物的价值通常都比较大,为了减少风险,降低损失,当事人都会对租赁物进行投保。

在租赁物交付之前,应由出租人和供应商根据买卖合同的约定对标的物进行投保,通常约定是由出租人投保,因为一般情况下交付前的风险通常约定是由出租人承担的。在标的物交付后,通常是承租人以出租人的名义负担费用并对租赁标的物投保,出租人亦可自行投保,将保费计入租赁费用并计入租金总额,由承租人最终负担。

保险金额可以为合同所规定的损失赔偿金或标的物成本价,这样在发生意外灭失的情况下,承租人实际承担的应只是保险余额不足的部分。

保险期限一般为自投保日起至标的物的租期届满时止。

【例】A融资租赁公司与B汽车零部件生产企业签订了一份融资租赁

合同,引进一套发动机装配生产线,双方有关融资租赁保险的有关事宜约定如下:

(1)自起租日起,承租人 B 公司应办理租赁物的一切保险(包括但不限于海上运输险、内陆运输险、工程安装险、财产险等),并使之在本合同履行完毕前持续有效,保险费用由 B 公司承担。由于 B 公司不办理保险而给 A 融资租赁公司造成的全部损失 (包括但不限于未支付的租金等)均由 B 公司承担。

(2)保险合同等相关文件应当由 B 公司保管。

(3)如租赁期限内发生保险事故,B 公司应当立即(24 小时内)通知A 融资租赁公司,并由双方指派人员共同办理保险理赔事宜。

(4)如租赁期限内发生保险事故,则保险赔偿金的处置方式为:用于支付因保险事故造成的租赁物损坏的维修费用,剩余款项(如有)归 B 公司所有;

(5)如果发生保险公司赔付范围之外的损害,导致租赁物件灭失或毁损无法修复,B 公司须按合同中"租赁物的毁损及灭失"条款的相关约定赔偿出租人。

115. 什么是担保? 什么是融资租赁担保

《中华人民共和国担保法》(以下简称"担保法")中的担保是债权担保,通常认为是督促债务人履行债务、保障债权实现的一种法律手段。具体地说, 债权担保是指债权人与债务人或与第三人根据法律规定或相互间的约定, 以债务人或第三人的特定财产或以第三人的一般财产(包括信誉)担保债务履行、债权清偿的法律制度。担保人的责任是监督和保证被担保人履行义务。当被担保人不履行或者无履行义务能力时,担保人有责任承担履行义务。担保人承担履行义务后,有权向被担保人追偿。

由于租赁物和供应商是由承租人选定或指定,租赁设备通常只用于特定的企业,出租人虽然对设备拥有名誉上的所有权,但实际的使用者是承租人,一旦承租人违约,则租赁物的价值会大大降低甚至损毁,出租人的权益难以得到有效保障,因此,根据项目的风险程度,可要求承租人提供一定的保证措施,这就是融资租赁担保。

【例】B公司向A银行借款,C公司为甲提供担保,保证在规定期内B公司履行还款义务,一旦B公司不履行义务时,则C公司应予以履行,并且C公司有权向B公司追偿,这就是担保。

融资租赁担保范围一般是融资租赁主合同项下的全部租金、各项费用、违约金、损害赔偿金以及实现债权的费用(包括但不限于诉讼费、律师费等),保证方式一般为连带责任保证。以便保证在承租人未履行到期债务时,保证人能够及时代为向出租人偿还其尚未获得清偿的剩余款项。融资租赁担保合同内容如本书附件十三"融资租赁合同范本"中的融资租赁合同附件13—5所示(此处略)。

116. 融资租赁合同一定都要担保吗

融资租赁合同中不一定都需要担保, 是否需要担保可由双方协商确定。

【例】A融资租赁公司与B汽车零部件生产企业签订了一份融资租赁合同,用于引进一套发动机装配生产线,双方有关融资租赁担保的事宜约定如下:

B公司或其保证人(如有)有下列情形之一的,A融资租赁公司有权要求B公司限期提供适当的担保;B公司未能在期限内提供担保的,A融资租赁公司有权宣布相应租约提前到期,并要求B公司立即付清所有应付款项:

(1)进行资产重组、股权并购等实质性资产处置行为;

(2)经营状况严重恶化;

(3)转移财产、抽逃资金,以逃避债务;

(4)丧失商业信誉;

(5)有丧失或者可能丧失履行债务能力的其他情形。

续表

117. 融资租赁合同的担保方式有哪些

融资租赁合同的担保是债权担保的一种,因此,从整体上看,它的担保方式与担保法确定的担保方式基本没有区别,包括保证、抵押、质押、留置和定金五种,合同当事人应当根据融资租赁项目的特殊性约定相应的担保方式。

【例】承租企业的风险等级和经济担保能力是密切相关的。出租人所能接受的担保种类按照风险程度排列的级别如表6—8所示:

表 6—8 按风险程度排列的担保级别

等级	担保种类	级别划分依据
A 级	银行担保	银行的级别应和融资租赁的规模相对应。金额越大,出具担保函的银行的级别要求越高。如果融资租赁使用的是外资,提供担保业务的银行除了上述条件外,还要求有外汇管理局批准的外汇担保业务。一般省级银行才有这种担保能力,而且单个项目的担保总额限定在 300~500 万美元以内。
B 级	房地产抵押担保	房产是指有合法手续,可出售的商品房产。地产是指与房产有关的土地。单独的地产不能作为资产抵押,抵押的房地产要经过会计事务所评估资产,办理法律公证。而且抵押物的资产净值应高出租金总额一定的比率才具备担保条件。
C 级	有价证券抵押担保	出租人只接受国债和上市后能及时变现的债券或有价证券作为抵押担保。股票由于自身风险较大,不能作为资产抵押担保。证券担保一般都根据证券的信誉程度打一定的折扣后,作为担保额。
D 级	大型企业担保	这种企业的担保能力应得到租赁公司认可,企业的知名度和资信都应有良好的记录,并由租赁公司对担保企业 3~5 年的财务报表,在进行诊断分析之后,方可接受其担保资格。这种担保手续在做法上比较复杂,业务活动范围比较窄。

不管以何种担保,在担保函中应明确规定经济担保人是其债务第一追索人,以落实担保人承担的债务风险和还款责任。在目前所发生的经济纠纷案例中,许多担保人被诉后经判决承担了还款责任,说明了这种做法的重要性和必要性。

118. 融资租赁合同的担保需要注意哪些问题

在融资租赁合同的担保中涉及保证人、担保合同、保证金等问题,需要注意。

【例】在融资租赁合同担保的实务中,以下问题需要注意:

(1)融资租赁合同担保的保证人,必须是并非承租人的第三人;抵押人或出质人,则既可以是承租人,也可以是并非承租人的第三人;

(2)由第三人提供保证时,保证人同出租人(债权人)之间宜以书面形式订立单独的保证合同,该保证合同独立于融资租赁合同(主合同)之外,是融资租赁合同的从合同;

(3)由第三人提供抵押或权利质押时,抵押人或出质人可以同出租人(债权人)以书面形式订立独立于融资租赁合同(主合同)之外的抵押合同或质押合同,构成融资租赁合同的从合同;也可以在融资租赁合同中通过相应的担保条款约定;由承租人提供抵押或权利质押时,则通常宜于在融资租赁合同中通过相应的担保条款约定。

(4)承租人按租赁成本的10%~30%向出租人缴纳保证金,以作为履行合同的保证。该保证金可在承租人归还全部租金后由出租人返还或在租金余额低于保证金后由出租人逐期抵扣剩余租金。

(5)根据项目不同及需要,要求承租人提供相应的保证、抵押或质押。与贷款不同的是,租赁要求的担保不一定是全额的。

(6)承租人无法提供担保措施,但资信良好的出卖人(供货商)同意回购。

第七章　融资租赁登记

119. 什么是融资租赁登记

融资租赁登记是一种公示融资租赁交易关系的方式。民法上,物权的公示有两种:占有(交付)与登记,前者多适用于动产,后者多适用于不动产。就融资租赁而言,以占有为其公示的方法,难以使权利的内容为公众所知,因而,只能寻求通过登记的方式进行公示。

【例】融资租赁登记一般是公示租赁物上的权利状态,登记载明的权利人即推定为租赁物的权利人,利害关系人从事与租赁物有关的买卖、租赁、担保等交易时应查阅登记信息以规避风险,保护交易安全。

120. 为什么要进行融资租赁登记

融资租赁登记的目的,是充分利用"登记"的公示性,揭示租赁物上存在的租赁关系,使第三人通过查询融资租赁登记系统,迅速、便捷、清楚地了解租赁交易关系,避免交易风险。融资租赁登记对于融资租赁交易当事人和相关利害关系人都有好处。

首先,有利于更好地保护出租人的所有权;其次,融资租赁登记客观上使得承租人难以实现对登记租赁物的物权处分。融资租赁登记保护了出租人与相关利害关系人的利益,有利于维护融资租赁交易秩序,有利于促进融资租赁交易健康、稳定、快速地发展。

【例】通过融资租赁登记对外公示租赁物的权属状况,出租人可以获得证明权利的具有公信力的证据，从而可以更有效保护自身的所有权；第三人通过查询也可以了解租赁物上的权利状态，避免交易风险。

121. 什么是融资租赁登记公示系统？有什么作用

融资租赁登记公示系统(以下简称"融资租赁登记系统")是基于互联网运行的、全国集中统一的服务于融资租赁业务登记、查询的管理信息系统。

融资租赁登记系统的基本作用是接收、保存和发布信息。信息由填表人通过互联网在线录入，登记系统保存录入信息，记录录入时间，然后通过互联网向社会公众提供查询服务。登记服务帮助确立出租人权利公示的时间，以对抗善意第三人并防范承租人的信用风险。

【例】目前的融资租赁登记系统是由中国人民银行征信中心建设的，为全国范围内的融资租赁公司提供登记与查询服务。

在融资租赁登记系统中进行的首次登记称为初始登记，一般需在线录入的信息包括：

填表人/基本信息

承租人信息

出租人信息

租赁财产信息

租赁财产附件

122. 我国融资租赁登记系统创建的背景是什么

融资租赁交易中，租赁物的所有权和使用权分开，在承租人占有假象之下，如果租赁物上的权利被"善意第三人"获得，则出租人的权利难以得到有效的保护。对抗"善意第三人"的主要方式是通过法律授权的登记系统进行登记公示，以确定同一物上权利的优先顺位。但我国现在无论是《合同法》还是《物权法》都没有对融资租赁登记制度作出规定。

2003 年，十届全国人大一次会议将《融资租赁法》列入立法计划，经过3年多的起草工作和征求意见,形成了《融资租赁法(草案)》。其中明确规定,租赁物应当在登记机关办理所有权登记,未办理登记的,出租人对租赁物的所有权不得对抗善意第三人。但草案最终没有被列入。在立法受阻的情况下,应融资租赁业界要求,在租赁业的行业组织与中国人民银行的共同努力下,征信中心本着实践先行、推动立法进程的思路,率先启动了融资租赁登记系统的建设工作。

【例】为了解决融资租赁交易信息不对称和缺少直接法律依据等问题,租赁业的行业组织中国外商投资企业协会租赁业委员会积极与各个部门沟通后,与中国人民银行征信中心(以下简称征信中心)取得联系,提出依托应收账款质押登记公示系统平台建立融资租赁登记公示系统的意愿。在对依托应收账款质押登记公示系统平台建立融资租赁登记系统的可行性经过充分调查研究后,征信中心于2008年11月启动融资租赁登记公示系统的建设工作,并于2009年7月20日上线运行。2013年7月,为进一步完善融资租赁企业监管手段,加强对融资租赁企业监督管理,商务部组织开发了全国融资租赁企业管理系统,并于2013年8月3日试运行。

123. 融资租赁登记系统的功能有哪些

融资租赁登记系统的三大主要功能是登记、查询和登记文件验证。

【例】融资租赁登记系统功能的使用方法如表7—1所示:

表7—1 融资租赁登记系统的功能

功能	详细操作方法
登记功能	登记功能是指融资租赁合同的主体或其委托的他人,只要通过互联网注册为登记系统的用户,通过当地中国人民银行征信分中心的身份资料现场审核后,即可登录登记系统进行登记操作。
查询功能	查询功能使用的条件是承租人的法定注册名称或身份证件号码。
登记文件验证功能	登记系统提供登记文件验证的功能,即任何人可以通过输入有关文件编号来验证特定编号对应的登记文件或者查询证明文件是否存在、是否和登记系统中的有关文件包含的内容一致。进行文件验证,无需注册成为用户。

124. 哪些机构需要使用融资租赁登记系统

出租人及与租赁物相关的潜在买受人、抵押权人等第三方需要使用融资租赁登记系统。

【例】融资租赁登记系统是为了解决融资租赁登记制度缺失而建设的,因此,对于作为出租人的各类融资租赁公司来说,非常有必要在系统中进行登记,公示租赁物的权属状况,保护自身合法权益。此外,金融机构、各类企事业单位和个人等第三方,也需要通过查询登记系统,了解特定主体的财产权利状况,解决信息不对称等问题,达到规避交易风险的目的。

125. 进行融资租赁登记的租赁物范围包括哪些

融资租赁登记的租赁物一般是非消耗性动产。

【例】工程机械、运输设备、渡口设备、生产及动力设备、仪器及实验设备、办公设备等,都属于非消耗性动产。需要注意的是,登记的租赁物不包括以家庭消费为目的的租赁物,也不包括房屋、土地等不动产,因为二者都由特殊的法律调整。对于飞机、船舶等国家法律已经规定登记机关的财产,按照法律的规定处理。

126. 在融资租赁登记系统的业务范围包括哪些

融资租赁和符合条件的租赁业务,都可以在融资租赁登记系统中进行登记。

【例】根据《合同法》规定,一般应在融资租赁登记系统的业务范围如下:

(1)《合同法》第十四章第二百三十七条所规定的融资租赁交易活动;

(2)《合同法》第十三章第二百一十二条所规定的租赁期限在1年以上(含1年),或者双方同意承租人占有租赁物的期限在1年以上(含1

年)的租赁交易。租赁期限越长,承租人处分租赁物的动机越强,因此期限超过1年的租赁业务也可以进行登记。

127. 对使用融资租赁登记系统的机构的要求有哪些

任何需要对租赁物之上的权利进行公示和查询的主体,都可以使用融资租赁登记系统。在使用系统的过程中,需要客观、准确地反映融资租赁交易情况,并按照融资租赁登记规则进行相应操作,不能进行虚假登记,损害他人权利,否则要承担法律责任。

【例】各类融资租赁公司、金融机构、其他企事业单位和个人等,都可以使用融资租赁登记系统。

128. 融资租赁登记应由谁办理

融资租赁登记由融资租赁合同约定的一方办理,当事人也可以授权委托他人办理登记。

【例】在一项融资租赁业务中,A公司是作为出租人的融资租赁公司,B公司是作为承租人的设备需求方,则融资租赁登记既可以由A公司办理,也可以由B公司办理。

129. 登记需要提交的材料有哪些

融资租赁登记系统是基于互联网运行的电子化登记系统,不同于现场纸质的登记方式,登记时不需要提交融资租赁合同等任何材料,仅要求登记人通过互联网在系统中填写出租人、承租人和租赁物等信息即可。

【例】在一项融资租赁业务中,A融资租赁公司在融资租赁登记系统上进行登记,登记的依据是融资租赁合同,但A公司不需要提交任何纸质材料,仅需通过互联网填写融资租赁登记系统中需要填写的相关信息即可。如果合同发生变更并影响到登记内容的,应当及时进行变更登记。

130. 融资租赁登记公示系统向公众开通查询,是否会暴露商业敏感信息

融资租赁登记是公示性登记,登记内容有限,仅要求登记出租人、承租人、租赁物等信息,不披露与公示权利无关的商业敏感信息。

【例】登记文件所展示的信息为租赁交易双方当事人的身份识别信息和租赁财产的描述性信息,达到能够识别租赁财产的目的就可以了,对租赁财产的描述由当事人自己决定。关于租赁合同的其他详细内容,登记用户可以自行选择是否予以披露。登记只是披露租赁物可能的所有权,利益相关人可以就登记内容作为线索,进一步调查交易细节,从而起到公示租赁物的权属状态、保护交易安全又不涉及商业敏感信息的作用。

131. 谁对融资租赁登记内容的真实性负责

进行融资租赁登记的出租人、承租人或其他利害关系人对登记内容的真实性负责;如果提供虚假材料办理登记,给他人造成损害的,要承担相应的法律责任。由于录入错误发生的损失由进行登记操作的用户负责。

【例】A公司为融资租赁公司,B公司为承租人,如果由B公司进行融资租赁登记,并提供虚假的材料,则会对A公司的权益造成损害,根据实际情况,B公司应承担相应的法律责任。

如果由A公司负责进行融资租赁登记,但由于该公司操作人员的失误,录入了错误的信息而产生了损失,则应由A公司自行承担相应责任。

132. 如利害关系人看到与自身有关的登记与实际情况不符,应如何处理

当发现登记系统中有关的登记内容与实际情况不符,有可能对自身的权利造成不利影响时,可以先与发起有关登记的当事人进行协商,要

求其进行变更登记或注销登记。如果该当事人拒绝修改该信息,可以通过诉讼等法律途径解决该问题。

同时,为了尽量减少错误的登记信息对利害关系人造成不利影响,可以在登记系统发表异议登记,说明登记存在的错误,以提醒相关利害关系人。异议登记可以被查得,但是,异议登记不具有推翻原登记的效力。要解决争议还是要与发起有关登记的当事人进行协商,或通过法律途径解决。

【例】A 融资租赁公司与 B 建筑公司签订了融资租赁合同,B 公司融资租入一批大型工程机械,并由 B 公司负责在登记系统中进行相关登记,但随后 A 融资租赁公司发现 B 建筑公司在登记系统登记的该批工程机械设备的型号与实际不符,则可以采取以下措施保护自身权益:

(1)先与 B 公司进行协商,要求其进行变更登记或注销登记。如果该当事人拒绝修改该信息,可以通过诉讼等法律途径解决该问题;

(2)在登记系统发表异议登记,说明登记存在的错误,以提醒相关利害关系人。

附件一:《合同法》(节选)第十四章 融资租赁合同

第二百三十七条 融资租赁合同是出租人根据承租人对出卖人、租赁物的选择,向出卖人购买租赁物,提供给承租人使用,承租人支付租金的合同。

第二百三十八条 融资租赁合同的内容包括租赁物名称、数量、规格、技术性能、检验方法、租赁期限、租金构成及其支付期限和方式、币种、租赁期间届满租赁物的归属等条款。

融资租赁合同应当采用书面形式。

第二百三十九条 出租人根据承租人对出卖人、租赁物的选择订立的买卖合同,出卖人应当按照约定向承租人交付标的物,承租人享有与受领标的物有关的买受人的权利。

第二百四十条 出租人、出卖人、承租人可以约定,出卖人不履行买卖合同义务的,由承租人行使索赔的权利。承租人行使索赔权利的,出租人应当协助。

第二百四十一条 出租人根据承租人对出卖人、租赁物的选择订立的买卖合同,未经承租人同意,出租人不得变更与承租人有关的合同内容。

第二百四十二条 出租人享有租赁物的所有权。承租人破产的,租赁物不属于破产财产。

第二百四十三条 融资租赁合同的租金,除当事人另有约定的以外,应当根据购买租赁物的大部分或者全部成本以及出租人的合理利润确定。

　　第二百四十四条　租赁物不符合约定或者不符合使用目的的,出租人不承担责任,但承租人依赖出租人的技能确定租赁物或者出租人干预选择租赁物的除外。

　　第二百四十五条　出租人应当保证承租人对租赁物的占有和使用。

　　第二百四十六条　承租人占有租赁物期间,租赁物造成第三人的人身伤害或者财产损害的,出租人不承担责任。

　　第二百四十七条　承租人应当妥善保管、使用租赁物。承租人应当履行占有租赁物期间的维修义务。

　　第二百四十八条　承租人应当按照约定支付租金。承租人经催告后在合理期限内仍不支付租金的,出租人可以要求支付全部租金;也可以解除合同,收回租赁物。

　　第二百四十九条　当事人约定租赁期间届满租赁物归承租人所有,承租人已经支付大部分租金,但无力支付剩余租金,出租人因此解除合同收回租赁物的,收回的租赁物的价值超过承租人欠付的租金以及其他费用的,承租人可以要求部分返还。

　　第二百五十条　出租人和承租人可以约定租赁期间届满租赁物的归属。对租赁物的归属没有约定或者约定不明确,依照本法第六十一条的规定仍不能确定的,租赁物的所有权归出租人。

附件二：金融租赁公司管理办法

（中国银行业监督管理委员会令 2014 年第 3 号）

第一章 总 则

第一条 为促进融资租赁业务发展，规范金融租赁公司的经营行为，根据《中华人民共和国银行业监督管理法》《中华人民共和国公司法》等法律法规，制定本办法。

第二条 本办法所称金融租赁公司，是指经银监会批准，以经营融资租赁业务为主的非银行金融机构。

金融租赁公司名称中应当标明"金融租赁"字样。未经银监会批准，任何单位不得在其名称中使用"金融租赁"字样。

第三条 本办法所称融资租赁，是指出租人根据承租人对租赁物和供货人的选择或认可，将其从供货人处取得的租赁物按合同约定出租给承租人占有、使用，向承租人收取租金的交易活动。

第四条 适用于融资租赁交易的租赁物为固定资产，银监会另有规定的除外。

第五条 本办法所称售后回租业务，是指承租人将自有物件出卖给出租人，同时与出租人签订融资租赁合同，再将该物件从出租人处租回的融资租赁形式。售后回租业务是承租人和供货人为同一人的融资租赁方式。

第六条 银监会及其派出机构依法对金融租赁公司实施监督管理。

第二章　机构设立、变更与终止

第七条　申请设立金融租赁公司，应当具备以下条件：

(一)有符合《中华人民共和国公司法》和银监会规定的公司章程；

(二)有符合规定条件的发起人；

(三)注册资本为一次性实缴货币资本，最低限额为 1 亿元人民币或等值的可自由兑换货币；

(四)有符合任职资格条件的董事、高级管理人员，并且从业人员中具有金融或融资租赁工作经历 3 年以上的人员应当不低于总人数的 50%；

(五)建立了有效的公司治理、内部控制和风险管理体系；

(六)建立了与业务经营和监管要求相适应的信息科技架构，具有支撑业务经营的必要、安全且合规的信息系统，具备保障业务持续运营的技术与措施；

(七)有与业务经营相适应的营业场所、安全防范措施和其他设施；

(八)银监会规定的其他审慎性条件。

第八条　金融租赁公司的发起人包括在中国境内外注册的具有独立法人资格的商业银行，在中国境内注册的、主营业务为制造适合融资租赁交易产品的大型企业，在中国境外注册的融资租赁公司以及银监会认可的其他发起人。

银监会认可的其他发起人是指除符合本办法第九条至第十一条规定的发起人以外的其他境内法人机构和境外金融机构。

第九条　在中国境内外注册的具有独立法人资格的商业银行作为金融租赁公司发起人，应当具备以下条件：

(一)满足所在国家或地区监管当局的审慎监管要求；

(二)具有良好的公司治理结构、内部控制机制和健全的风险管理体系；

(三) 最近 1 年年末总资产不低于 800 亿元人民币或等值的可自由兑换货币；

（四）财务状况良好，最近 2 个会计年度连续盈利；

（五）为拟设金融租赁公司确定了明确的发展战略和清晰的盈利模式；

（六）遵守注册地法律法规，最近 2 年内未发生重大案件或重大违法违规行为；

（七）境外商业银行作为发起人的，其所在国家或地区金融监管当局已经与银监会建立良好的监督管理合作机制；

（八）入股资金为自有资金，不得以委托资金、债务资金等非自有资金入股；

（九）承诺 5 年内不转让所持有的金融租赁公司股权、不将所持有的金融租赁公司股权进行质押或设立信托，并在拟设公司章程中载明；

（十）银监会规定的其他审慎性条件。

第十条　在中国境内注册的、主营业务为制造适合融资租赁交易产品的大型企业作为金融租赁公司发起人，应当具备以下条件：

（一）有良好的公司治理结构或有效的组织管理方式；

（二）最近 1 年的营业收入不低于 50 亿元人民币或等值的可自由兑换货币；

（三）财务状况良好，最近 2 个会计年度连续盈利；

（四）最近 1 年年末净资产不低于总资产的 30%；

（五）最近 1 年主营业务销售收入占全部营业收入的 80% 以上；

（六）为拟设金融租赁公司确定了明确的发展战略和清晰的盈利模式；

（七）有良好的社会声誉、诚信记录和纳税记录；

（八）遵守国家法律法规，最近 2 年内未发生重大案件或重大违法违规行为；

（九）入股资金为自有资金，不得以委托资金、债务资金等非自有资金入股；

（十）承诺 5 年内不转让所持有的金融租赁公司股权、不将所持有的金融租赁公司股权进行质押或设立信托，并在拟设公司章程中载明；

（十一）银监会规定的其他审慎性条件。

第十一条 在中国境外注册的具有独立法人资格的融资租赁公司作为金融租赁公司发起人，应当具备以下条件：

（一）具有良好的公司治理结构、内部控制机制和健全的风险管理体系；

（二）最近1年年末总资产不低于100亿元人民币或等值的可自由兑换货币；

（三）财务状况良好，最近2个会计年度连续盈利；

（四）遵守注册地法律法规，最近2年内未发生重大案件或重大违法违规行为；

（五）所在国家或地区经济状况良好；

（六）入股资金为自有资金，不得以委托资金、债务资金等非自有资金入股；

（七）承诺5年内不转让所持有的金融租赁公司股权、不将所持有的金融租赁公司股权进行质押或设立信托，并在拟设公司章程中载明；

（八）银监会规定的其他审慎性条件。

第十二条 金融租赁公司至少应当有一名符合第九条至第十一条规定的发起人，且其出资比例不低于拟设金融租赁公司全部股本的30%。

第十三条 其他境内法人机构作为金融租赁公司发起人，应当具备以下条件：

（一）有良好的公司治理结构或有效的组织管理方式；

（二）有良好的社会声誉、诚信记录和纳税记录；

（三）经营管理良好，最近2年内无重大违法违规经营记录；

（四）财务状况良好，且最近2个会计年度连续盈利；

（五）入股资金为自有资金，不得以委托资金、债务资金等非自有资金入股；

（六）承诺5年内不转让所持有的金融租赁公司股权，不将所持有的金融租赁公司股权进行质押或设立信托，并在公司章程中载明；

(七)银监会规定的其他审慎性条件；

其他境内法人机构为非金融机构的，最近 1 年年末净资产不得低于总资产的 30%；

其他境内法人机构为金融机构的，应当符合与该类金融机构有关的法律、法规、相关监管规定要求。

第十四条　其他境外金融机构作为金融租赁公司发起人，应当具备以下条件：

(一)满足所在国家或地区监管当局的审慎监管要求；

(二)具有良好的公司治理结构、内部控制机制和健全的风险管理体系；

(三)最近 1 年年末总资产原则上不低于 10 亿美元或等值的可自由兑换货币；

(四)财务状况良好，最近 2 个会计年度连续盈利；

(五)入股资金为自有资金，不得以委托资金、债务资金等非自有资金入股；

(六)承诺 5 年内不转让所持有的金融租赁公司股权、不将所持有的金融租赁公司股权进行质押或设立信托，并在公司章程中载明；

(七) 所在国家或地区金融监管当局已经与银监会建立良好的监督管理合作机制；

(八)具有有效的反洗钱措施；

(九)所在国家或地区经济状况良好；

(十)银监会规定的其他审慎性条件。

第十五条　有以下情形之一的企业不得作为金融租赁公司的发起人：

(一)公司治理结构与机制存在明显缺陷；

(二)关联企业众多、股权关系复杂且不透明、关联交易频繁且异常；

(三)核心主业不突出且其经营范围涉及行业过多；

(四)现金流量波动受经济景气影响较大；

(五)资产负债率、财务杠杆率高于行业平均水平；

(六)其他对金融租赁公司产生重大不利影响的情况。

第十六条 金融租赁公司发起人应当在金融租赁公司章程中约定,在金融租赁公司出现支付困难时,给予流动性支持;当经营损失侵蚀资本时,及时补足资本金。

第十七条 金融租赁公司根据业务发展的需要,经银监会批准,可以设立分公司、子公司。设立分公司、子公司的具体条件由银监会另行制定。

第十八条 金融租赁公司董事和高级管理人员实行任职资格核准制度。

第十九条 金融租赁公司有下列变更事项之一的,须报经银监会或其派出机构批准。

(一)变更公司名称;

(二)变更组织形式;

(三)调整业务范围;

(四)变更注册资本;

(五)变更股权或调整股权结构;

(六)修改公司章程;

(七)变更公司住所或营业场所;

(八)变更董事和高级管理人员;

(九)合并或分立;

(十)银监会规定的其他变更事项。

第二十条 金融租赁公司变更股权及调整股权结构,拟投资入股的出资人需符合本办法第八条至第十六条规定的新设金融租赁公司发起人条件。

第二十一条 金融租赁公司有以下情况之一的,经银监会批准可以解散:

(一)公司章程规定的营业期限届满或者公司章程规定的其他解散事由出现;

(二)股东决定或股东(大)会决议解散;

(三)因公司合并或者分立需要解散;

(四)依法被吊销营业执照、责令关闭或者被撤销;

(五)其他法定事由。

第二十二条　金融租赁公司有以下情形之一的,经银监会批准,可以向法院申请破产:

(一)不能支付到期债务,自愿或债权人要求申请破产的;

(二)因解散或被撤销而清算,清算组发现财产不足以清偿债务,应当申请破产的。

第二十三条　金融租赁公司不能清偿到期债务,并且资产不足以清偿全部债务或者明显缺乏清偿能力的,银监会可以向人民法院提出对该金融租赁公司进行重整或者破产清算的申请。

第二十四条　金融租赁公司因解散、依法被撤销或被宣告破产而终止的,其清算事宜,按照国家有关法律法规办理。

第二十五条　金融租赁公司设立、变更、终止和董事及高管人员任职资格核准的行政许可程序,按照银监会相关规定执行。

第三章　业务范围

第二十六条　经银监会批准,金融租赁公司可以经营下列部分或全部本外币业务:

(一)融资租赁业务;

(二)转让和受让融资租赁资产;

(三)固定收益类证券投资业务;

(四)接受承租人的租赁保证金;

(五)吸收非银行股东3个月(含)以上定期存款;

(六)同业拆借;

(七)向金融机构借款;

(八)境外借款;

(九)租赁物变卖及处理业务；

(十)经济咨询。

第二十七条 经银监会批准,经营状况良好、符合条件的金融租赁公司可以开办下列部分或全部本外币业务：

(一)发行债券；

(二)在境内保税地区设立项目公司开展融资租赁业务；

(三)资产证券化；

(四)为控股子公司、项目公司对外融资提供担保；

(五)银监会批准的其他业务。

金融租赁公司开办前款所列业务的具体条件和程序,按照有关规定执行。

第二十八条 金融租赁公司业务经营中涉及外汇管理事项的,需遵守国家外汇管理有关规定。

第四章 经营规则

第二十九条 金融租赁公司应当建立以股东或股东(大)会、董事会、监事(会)、高级管理层等为主体的组织架构,明确职责划分,保证相互之间独立运行、有效制衡,形成科学高效的决策、激励和约束机制。

第三十条 金融租赁公司应当按照全面、审慎、有效、独立原则,建立健全内部控制制度,防范、控制和化解风险,保障公司安全稳健运行。

第三十一条 金融租赁公司应当根据其组织架构、业务规模和复杂程度建立全面的风险管理体系,对信用风险、流动性风险、市场风险、操作风险等各类风险进行有效的识别、计量、监测和控制,同时还应当及时识别和管理与融资租赁业务相关的特定风险。

第三十二条 金融租赁公司应当合法取得租赁物的所有权。

第三十三条 租赁物属于国家法律法规规定所有权转移必须到登记部门进行登记的财产类别,金融租赁公司应当进行相关登记。租赁物不属于需要登记的财产类别,金融租赁公司应当采取有效措施保障对租赁物的合法权益。

第三十四条　售后回租业务的租赁物必须由承租人真实拥有并有权处分。金融租赁公司不得接受已设置任何抵押、权属存在争议或已被司法机关查封、扣押的财产或所有权存在瑕疵的财产作为售后回租业务的租赁物。

第三十五条　金融租赁公司应当在签订融资租赁合同或明确融资租赁业务意向的前提下，按照承租人要求购置租赁物。特殊情况下需提前购置租赁物的，应当与自身现有业务领域或业务规划保持一致，且与自身风险管理能力和专业化经营水平相符。

第三十六条　金融租赁公司应当建立健全租赁物价值评估和定价体系，根据租赁物的价值、其他成本和合理利润等确定租金水平。

售后回租业务中，金融租赁公司对租赁物的买入价格应当有合理的、不违反会计准则的定价依据作为参考，不得低值高买。

第三十七条　金融租赁公司应当重视租赁物的风险缓释作用，密切监测租赁物价值对融资租赁债权的风险覆盖水平，制定有效的风险应对措施。

第三十八条　金融租赁公司应当加强租赁物未担保余值的估值管理，定期评估未担保余值，并开展减值测试。当租赁物未担保余值出现减值迹象时，应当按照会计准则要求计提减值准备。

第三十九条　金融租赁公司应当加强未担保余值风险的限额管理，根据业务规模、业务性质、复杂程度和市场状况，对未担保余值比例较高的融资租赁资产设定风险限额。

第四十条　金融租赁公司应当加强对租赁期限届满返还或因承租人违约而取回的租赁物的风险管理，建立完善的租赁物处置制度和程序，降低租赁物持有期风险。

第四十一条　金融租赁公司应当严格按照会计准则等相关规定，真实反映融资租赁资产转让和受让业务的实质和风险状况。

第四十二条　金融租赁公司应当建立健全集中度风险管理体系，有效防范和分散经营风险。

第四十三条 金融租赁公司应当建立严格的关联交易管理制度,其关联交易应当按照商业原则,以不优于非关联方同类交易的条件进行。

第四十四条 金融租赁公司与其设立的控股子公司、项目公司之间的交易,不适用本办法对关联交易的监管要求。

第四十五条 金融租赁公司的重大关联交易应当经董事会批准。

重大关联交易是指金融租赁公司与一个关联方之间单笔交易金额占金融租赁公司资本净额5%以上,或金融租赁公司与一个关联方发生交易后金融租赁公司与该关联方的交易余额占金融租赁公司资本净额10%以上的交易。

第四十六条 金融租赁公司所开展的固定收益类证券投资业务,不得超过资本净额的20%。

第四十七条 金融租赁公司开办资产证券化业务,可以参照信贷资产证券化相关规定。

第五章 监督管理

第四十八条 金融租赁公司应当遵守以下监管指标的规定:

(一)资本充足率。金融租赁公司资本净额与风险加权资产的比例不得低于银监会的最低监管要求。

(二)单一客户融资集中度。金融租赁公司对单一承租人的全部融资租赁业务余额不得超过资本净额的30%。

(三)单一集团客户融资集中度。金融租赁公司对单一集团的全部融资租赁业务余额不得超过资本净额的50%。

(四)单一客户关联度。金融租赁公司对一个关联方的全部融资租赁业务余额不得超过资本净额的30%。

(五)全部关联度。金融租赁公司对全部关联方的全部融资租赁业务余额不得超过资本净额的50%。

(六)单一股东关联度。对单一股东及其全部关联方的融资余额不得超过该股东在金融租赁公司的出资额，且应同时满足本办法对单一客户关联度的规定。

(七)同业拆借比例。金融租赁公司同业拆入资金余额不得超过资本净额的100%。

经银监会认可,特定行业的单一客户融资集中度和单一集团客户融资集中度要求可以适当调整。

银监会根据监管需要可以对上述指标作出适当调整。

第四十九条　金融租赁公司应当按照银监会的相关规定构建资本管理体系,合理评估资本充足状况,建立审慎、规范的资本补充、约束机制。

第五十条　金融租赁公司应当按照监管规定建立资产质量分类制度。

第五十一条　金融租赁公司应当按照相关规定建立准备金制度,在准确分类的基础上及时足额计提资产减值损失准备,增强风险抵御能力。未提足准备金的,不得进行利润分配。

第五十二条　金融租赁公司应当建立健全内部审计制度,审查评价并改善经营活动、风险状况、内部控制和公司治理效果,促进合法经营和稳健发展。

第五十三条　金融租赁公司应当执行国家统一的会计准则和制度,真实记录并全面反映财务状况和经营成果等信息。

第五十四条　金融租赁公司应当按规定报送会计报表及银监会及其派出机构要求的其他报表,并对所报报表、资料的真实性、准确性和完整性负责。

第五十五条　金融租赁公司应当建立定期外部审计制度,并在每个会计年度结束后的4个月内,将经法定代表人签名确认的年度审计报告报送银监会或其派出机构。

第五十六条　金融租赁公司违反本办法有关规定的,银监会及其派出机构应当依法责令限期整改;逾期未整改的,或者其行为严重危及该金融租赁公司的稳健运行、损害客户合法权益的，可以区别情形，依照《中华人民共和国银行业监督管理法》等法律法规，采取暂停业务、限制股东权利等监管措施。

第五十七条　金融租赁公司已经或者可能发生信用危机，严重影响客户合法权益的，银监会依法对其实行托管或者督促其重组，问题严重的，有权予以撤销。

第五十八条　凡违反本办法有关规定的，银监会及其派出机构依照《中华人民共和国银行业监督管理法》等有关法律法规进行处罚。金融租赁公司对处罚决定不服的，可以依法申请行政复议或者向人民法院提起行政诉讼。

第六章　附　则

第五十九条　除特别说明外，本办法中各项财务指标要求均为合并会计报表口径。

第六十条　本办法由银监会负责解释。

第六十一条　本办法自公布之日起施行，原《金融租赁公司管理办法》(中国银行业监督管理委员会令2007年第1号)同时废止。

附件三：金融租赁公司专业子公司管理暂行规定

银监办发〔2014〕198号

第一章 总 则

第一条 为提高金融租赁公司专业化经营管理水平,规范金融租赁公司设立专业子公司融资租赁业务行为, 促进金融租赁行业健康发展, 根据《中华人民共和国银行业监督管理法》《中华人民共和国公司法》《金融租赁公司管理办法》等法律法规,制定本规定。

第二条 本规定所称专业子公司,是指金融租赁公司依照相关法律法规在中国境内自由贸易区、保税地区及境外,为从事特定领域融资租赁业务而设立的专业化租赁子公司。

本规定所称的特定领域,是指金融租赁公司已开展、且运营相对成熟的融资租赁业务领域,包括飞机、船舶以及经银监会认可的其他租赁业务领域。

专业子公司的名称,应当体现所属金融租赁公司以及所从事的特定融资租赁业务领域。

第二章 专业子公司设立、变更与终止

第一节 境内专业子公司

第三条 金融租赁公司申请设立境内专业子公司, 应当具备以下条件：

（一）具有良好的公司治理结构，风险管理和内部控制健全有效；

（二）具有良好的并表管理能力；

（三）《金融租赁公司管理办法》规定的各项监管指标达标；

（四）权益性投资余额原则上不超过净资产（合并会计报表口径）的50%；

（五）在业务存量、人才储备等方面具备一定优势，在专业化管理、项目公司业务开展等方面具有成熟的经验，能够有效支持专业子公司开展特定领域的融资租赁业务；

（六）入股资金为自有资金，不得以委托资金、债务资金等非自有资金入股；

（七）遵守国家法律法规，最近2年内未发生重大案件或重大违法违规行为；

（八）银监会规定的其他审慎性条件。

第四条　金融租赁公司设立的境内专业子公司应当具备以下条件：

（一）有符合《中华人民共和国公司法》和银监会规定的公司章程；

（二）有符合规定条件的发起人；

（三）注册资本最低限额为5000万元人民币或等值的可自由兑换货币；

（四）有符合任职资格条件的董事、高级管理人员和熟悉融资租赁业务的从业人员；

（五）有健全的公司治理、内部控制和风险管理体系，以及与业务经营相适应的管理信息系统；

（六）有与业务经营相适应的营业场所、安全防范措施和其他设施；

（七）银监会规定的其他审慎性条件。

第五条　金融租赁公司设立境内专业子公司原则上应100%控股，有特殊情况需引进其他投资者的，金融租赁公司的持股比例不得低于51%。引进的其他投资者应符合《金融租赁公司管理办法》规定的金融租赁公司的发起人条件，且在专业子公司经营的特定领域有所专长，在业务开拓、租赁物管理等方面具有比较优势,有助于提升专业子公司的业务拓展能力和风险管理水平。

第六条　金融租赁公司申请设立境内专业子公司须经筹建和开业两个阶段。金融租赁公司应在收到开业核准文件并领取金融许可证后,办理工商登记,领取营业执照。

第七条　境内专业子公司董事、高级管理人员实行任职资格核准制度。

第八条　金融租赁公司境内专业子公司有下列变更事项之一的,应报经银行业监督管理机构批准:

(一)变更公司名称;

(二)变更注册资本;

(三)变更股权或调整股权结构;

(四)修改公司章程;

(五)变更董事和高级管理人员;

(六)银监会规定的其他变更事项。

第九条　金融租赁公司境内专业子公司有以下情况之一的,经银监会批准可以解散:

(一)公司章程规定的营业期限届满或者其他解散事由出现;

(二)股东决定或股东(大)会决议解散;

(三)因合并或者分立需要解散;

(四)其他法定事由。

第二节　境外专业子公司

第十条　境外专业子公司的发起人为金融租赁公司。

第十一条　金融租赁公司申请设立境外专业子公司,除适用本规定第三条规定的条件外,还应当具备以下条件:

(一)确有业务发展需要,具备清晰的海外发展战略;

(二)内部管理水平和风险管控能力与境外业务发展相适应;

(三)具备与境外经营环境相适应的专业人才队伍;

(四)经营状况良好,最近 2 个会计年度连续盈利;

(五)所提申请符合有关国家或地区的法律法规。

第十二条　金融租赁公司申请设立境外专业子公司,需由银行业监督管理机构批准后,再按照拟注册地国家或地区的法律法规提出申请。

第十三条　境外专业子公司董事、高级管理人员实行任职资格核准制度。

第十四条　境外专业子公司发生本规定第八条第四项变更事项的,应在相关事项发生后十个工作日内,向金融租赁公司所在地银行业监督管理机构书面报备。本规定第八条其他变更事项和本规定第九条事项,应报经银行业监督管理机构批准。

第十五条　金融租赁公司应在境外专业子公司正式设立十五个工作日内向银监会及其派出机构报告,报告内容包括公司名称、成立时间、注册地点、注册资本、注资币种,以及银监会认为必要的其他内容。

第三章　业务经营规则

第十六条　金融租赁公司可以在其业务范围内,根据审慎经营原则对所设立专业子公司的业务范围进行授权,并报银行业监督管理机构备案。同业拆借和固定收益类证券投资业务不在授权范围内。

第十七条　专业子公司开展融资租赁业务所涉及领域,须与其公司名称中所体现的特定融资租赁业务领域相匹配。

第十八条　专业子公司可以在境外设立项目公司开展融资租赁业务。专业子公司在境外设立项目公司开展融资租赁业务时,应遵循项目公司所在地法律法规,并参照执行金融租赁公司在境内保税地区设立项目公司开展融资租赁业务的相关报告规定。

第十九条　境外专业子公司应在符合注册地国家或地区监管要求的前提下,开展本规定第十六、十八条规定的相关业务。

第二十条　专业子公司开展各类业务和关联交易时的具体要求和

程序,按照金融租赁公司开展业务的有关规定执行。

第二十一条 专业子公司发行境外债券、设立的境外项目公司开展融资租赁业务后,应按季向所在地银监局及金融租赁公司所在地银监局报告。

第二十二条 专业子公司应按照金融租赁公司风险管理和内控要求进行管理,建立完善的法人治理组织架构,明确部门之间的职责划分,确保部门之间独立运行、有效制衡,形成科学、高效的决策、激励和约束机制。

第二十三条 专业子公司主要负责人原则上应由金融租赁公司的高级管理人员兼任。

第四章 监督管理

第二十四条 银监会及其派出机构依法对金融租赁公司专业子公司实施监督管理。

第二十五条 银监会对金融租赁公司专业子公司实施并表监管,金融租赁公司根据并表口径统一执行银监会针对金融租赁公司的相关监管指标要求。银监会可以根据监管需要,针对专业子公司制定具体监管规定。

第二十六条 境内专业子公司资本净额与风险加权资产的比例不得低于银监会最低监管要求。

第二十七条 金融租赁公司应将下属专业子公司各项业务数据合并纳入统计范围,根据银监会要求填报有关报表。

第二十八条 境内专业子公司应当按规定向所在地银监局报送会计报表和银监会及其派出机构要求的其他报表,并对所报报表、资料的真实性、准确性和完整性负责。

第二十九条 金融租赁公司应按季度以专项报告形式向银监会或其派出机构报送下属专业子公司有关情况。报告内容包括业务开展情况和规模、财务状况和经营成果、经营环境和风险分析、运行管理和风险控制措施、境外负债和境内外项目公司业务情况等。

第三十条 专业子公司应参照银监会对金融租赁公司的相关规定，构建资本管理体系、资产质量分类制度、准备金制度和内部审计制度等。

第三十一条 境外专业子公司发生的重大事项，包括公司遭受的重大损失、发生的重大诉讼、所在国家或地区监管要求变化等情况，金融租赁公司应在十五个工作日内向银监会及其派出机构报告。

第三十二条 金融租赁公司违反本规定设立专业子公司，或者专业子公司违规经营的，银行业监督管理机构依据《中华人民共和国银行业监督管理法》《金融租赁公司管理办法》等法律法规采取监管措施或实施处罚。

第三十三条 金融租赁公司在香港特别行政区、澳门特别行政区和台湾地区设立的专业子公司，比照本规定境外专业子公司进行管理。我国法律、行政法规另有规定的，依照其规定执行。

附件四:外商投资租赁业管理办法

(商务部令 2005 年第 5 号)

注:该《办法》正在修订,修订后的办法尚未发布

第一条　为促进外商投资租赁业的健康发展,规范外商投资租赁业的经营行为,防范经营风险,根据《中华人民共和国合同法》《中华人民共和国公司法》《中华人民共和国外资企业法》《中华人民共和国中外合资经营企业法》《中华人民共和国中外合作经营企业法》等有关法律、法规,制定本办法。

第二条　外国公司、企业和其他经济组织(以下简称外国投资者)在中华人民共和国境内以中外合资、中外合作以及外商独资的形式设立从事租赁业务、融资租赁业务的外商投资企业,开展经营活动,适用本办法。

第三条　外商投资租赁业可以采取有限责任公司或股份有限公司的形式。

从事租赁业务的外商投资企业为外商投资租赁公司;从事融资租赁业务的外商投资企业为外商投资融资租赁公司。

第四条　外商投资租赁公司及外商投资融资租赁公司应遵守中华人民共和国有关法律、法规及规章的规定,其正当经营活动及合法权益受中国法律保护。

商务部是外商投资租赁业的行业主管部门和审批管理部门。

第五条　本办法所称租赁业务系指出租人将租赁财产交付承租人使用、收益,并向承租人收取租金的业务。

本办法所称融资租赁业务系指出租人根据承租人对出卖人、租赁物

的选择，向出卖人购买租赁财产，提供给承租人使用，并向承租人收取租金的业务。

外商投资融资租赁公司可以采取直接租赁、转租赁、回租赁、杠杆租赁、委托租赁、联合租赁等不同形式开展融资租赁业务。

第六条　本办法所称租赁财产包括：

（一）生产设备、通信设备、医疗设备、科研设备、检验检测设备、工程机械设备、办公设备等各类动产；

（二）飞机、汽车、船舶等各类交通工具；

（三）本条（一）、（二）项所述动产和交通工具附带的软件、技术等无形资产，但附带的无形资产价值不得超过租赁财产价值的二分之一。

第七条　外商投资租赁公司和外商投资融资租赁公司的外国投资者的总资产不得低于500万美元。

第八条　外商投资租赁公司应当符合下列条件：

（一）注册资本符合《公司法》的有关规定；

（二）符合外商投资企业注册资本和投资总额的有关规定；

（三）有限责任公司形式的外商投资租赁公司的经营期限一般不超过30年；

第九条　外商投资融资租赁公司应当符合下列条件：

（一）注册资本不低于1000万美元；

（二）有限责任公司形式的外商投资融资租赁公司的经营期限一般不超过30年；

（三）拥有相应的专业人员，高级管理人员应具有相应专业资质和不少于三年的从业经验。

第十条　设立外商投资租赁公司和外商投资融资租赁公司应向审批部门报送下列材料：

（一）申请书；

（二）投资各方签署的可行性研究报告；

（三）合同、章程（外资企业只报送章程）；

（四）投资各方的银行资信证明、注册登记证明（复印件）、法定代表人身份证明（复印件）；

（五）投资各方经会计师事务所审计的最近一年的审计报告；

（六）董事会成员名单及投资各方董事委派书；

（七）高级管理人员的资历证明；

（八）工商行政管理部门出具的企业名称预先核准通知书；

申请成立股份有限公司的，还应提交有关规定要求提交的其他材料。

第十一条　设立外商投资租赁公司和外商投资融资租赁公司，应按照以下程序办理：

（一）设立有限责任公司形式的外商投资租赁公司，应由投资者向拟设立企业所在地的省级商务主管部门报送本办法第十条规定的全部材料，省级商务主管部门应自收到全部申请材料之日起45个工作日内作出是否批准的决定，批准设立的，颁发《外商投资企业批准证书》，不予批准的，应书面说明原因。省级商务主管部门应当在批准外商投资租赁公司设立后7个工作日内将批准文件报送商务部备案。股份有限公司形式的外商投资租赁公司的设立按照有关规定办理。

（二）设立外商投资融资租赁公司，应由投资者向拟设立企业所在地的省级商务主管部门报送本办法第十条规定的全部材料，省级商务主管部门对报送的申请文件进行初审后，自收到全部申请文件之日起15个工作日内将申请文件和初审意见上报商务部。商务部应自收到全部申请文件之日起45个工作日内作出是否批准的决定，批准设立的，颁发《外商投资企业批准证书》，不予批准的，应书面说明原因。

（三）已设立的外商投资企业申请从事租赁业务的，应当符合本办法规定的条件，并按照本条第（一）项规定的程序，依法变更相应的经营范围。

第十二条　外商投资租赁公司和外商投资融资租赁公司应当在收到《外商投资企业批准证书》之日起30个工作日内到工商行政管理部门办理登记注册手续。

第十三条　外商投资租赁公司可以经营下列业务:

(一)租赁业务;

(二)向国内外购买租赁财产;

(三)租赁财产的残值处理及维修;

(四)经审批部门批准的其他业务。

第十四条　外商投资融资租赁公司可以经营下列业务:

(一)融资租赁业务;

(二)租赁业务;

(三)向国内外购买租赁财产;

(四)租赁财产的残值处理及维修;

(五)租赁交易咨询和担保;

(六)经审批部门批准的其他业务。

第十五条　外商投资融资租赁公司根据承租人的选择,进口租赁财产涉及配额、许可证等专项政策管理的,应由承租人或融资租赁公司按有关规定办理申领手续。

外商投资租赁公司进口租赁财产,应按现行外商投资企业进口设备的有关规定办理。

第十六条　为防范风险,保障经营安全,外商投资融资租赁公司的风险资产一般不得超过净资产总额的 10 倍。风险资产按企业的总资产减去现金、银行存款、国债和委托租赁资产后的剩余资产总额确定。

第十七条　外商投资融资租赁公司应在每年 3 月 31 日之前向商务部报送上一年业务经营情况报告和上一年经会计师事务所审计的财务报告。

第十八条　中国外商投资企业协会租赁业委员会是对外商投资租赁业实行同业自律管理的行业性组织。鼓励外商投资租赁公司和外商投资融资租赁公司加入该委员会。

第十九条　外商投资租赁公司及外商投资融资租赁公司如有违反中国法律、法规和规章的行为,按照有关规定处理。

　　第二十条　香港特别行政区、澳门特别行政区、台湾地区的公司、企业和其他经济组织在内地设立外商投资租赁公司和外商投资融资租赁公司,参照本办法执行。

　　第二十一条　本办法中所称省级商务主管部门是指各省、自治区、直辖市、计划单列市及新疆生产建设兵团商务主管部门。

　　第二十二条　本办法由商务部负责解释。

　　第二十三条　本办法自二〇〇五年三月五日起施行。原外经贸部2001年第3号令《外商投资租赁公司审批管理暂行办法》同时废止。

附件五：商务部、国家税务总局关于从事融资租赁业务有关问题的通知

（商建发〔2004〕560 号）

各省、自治区、直辖市、计划单列市商务主管部门、国家税务局、地方税务局：

为了更好地发挥租赁业在扩大内需、促进经济发展中的作用，支持租赁业快速健康发展，现就开展融资租赁业务有关问题通知如下：

一、根据国务院办公厅下发的商务部"三定"规定，原国家经贸委、外经贸部有关租赁行业的管理职能和外商投资租赁公司管理职能划归商务部，今后凡《财政部、国家税务总局关于营业税若干政策问题的通知》（财税〔2003〕16 号）中涉及原国家经贸委和外经贸部管理职能均改由商务部承担。

二、外商投资租赁公司的市场准入及行业监管工作继续按照商务部出台的有关规定执行。

三、商务部将对内资租赁企业开展从事融资租赁业务的试点工作。各省、自治区、直辖市、计划单列市商务主管部门可以根据本地区租赁行业发展的实际情况，推荐 1~2 家从事各种先进或适用的生产、通信、医疗、环保、科研等设备，工程机械及交通运输工具（包括飞机、轮船、汽车等）租赁业务的企业参与试点工作。被推荐的企业经商务部、国家税务总局联合确认后，纳入融资租赁试点范围。

四、从事融资租赁业务试点企业（以下简称融资租赁试点企业）应当同时具备下列条件：

（一）2001 年 8 月 31 日（含）前设立的内资租赁企业最低注册资本金

应达到4000万元,2001年9月1日至2003年12月31日期间设立的内资租赁企业最低注册资本金应达到17000万元;

(二)具有健全的内部管理制度和风险控制制度;

(三)拥有相应的金融、贸易、法律、会计等方面的专业人员,高级管理人员应具有不少于三年的租赁业从业经验;

(四)近两年经营业绩良好,没有违法违规记录;

(五)具有与所从事融资租赁产品相关联的行业背景;

(六)法律法规规定的其他条件。

五、省级商务主管部门推荐融资租赁试点企业除应上报推荐函以外,还应提交下列材料:

(一)企业从事融资租赁业务的申请及可行性研究报告;

(二)营业执照副本(复印件);

(三)公司章程,企业内部管理制度及风险控制制度文件;

(四)具有资格的会计师事务所出具的近三年财务会计报告;

(五)近两年没有违法违规记录证明;

(六)高级管理人员的名单及资历证明。

六、本通知第二、三条所列的融资租赁公司(即内资融资租赁试点企业、外商投资融资租赁公司)可按照《财政部、国家税务总局关于营业税若干政策问题的通知》(财税〔2003〕16号)的规定享受融资租赁业务的营业税政策。

七、融资租赁公司应严格按照国家有关规定按时交纳各种税款,若违反国家税收法律法规,偷逃税款,税务机关将依据《中华人民共和国税收征收管理法》及有关税收法律法规的规定予以处罚,同时取消对该企业执行的融资租赁税收政策。

融资租赁公司在向有关联生产企业采购设备时,有关设备的结算价格不得低于该生产企业向任何第三方销售的价格(或同等批量设备的价格)。

八、融资租赁试点企业应严格遵守国家有关法律法规,不得从事下列业务：

(一)吸收存款或变相存款；

(二)向承租人提供租赁项下的流动资金贷款和其他贷款；

(三)有价证券投资、金融机构股权投资；

(四)同业拆借业务；

(五)未经中国银行业监督管理委员会批准的其他金融业务。

九、融资租赁试点企业的风险资产(含担保余额)不得超过资本总额的10倍。

十、融资租赁试点企业应在每季度15日前将其上一季度的经营情况上报省级商务主管部门，并抄报商务部。商务部和国家税务总局将采取定期或不定期方式，抽查试点企业经营情况。对违反有关法律法规和上述管理规定的企业，商务部将取消其融资租赁试点企业的资格。

十一、各地商务、税务主管部门要加强对融资租赁试点企业的监督，及时研究试点中存在的问题，发现重大问题应立刻上报商务部、国家税务总局，同时，要不断总结试点经验，采取有效措施，促进租赁业的健康发展。

附件六:企业会计准则第 21 号——租赁

(财会〔2006〕第 003 号)

第一章 总 则

第一条 为了规范租赁的确认、计量和相关信息的列报,根据《企业会计准则——基本准则》,制定本准则。

第二条 租赁,是指在约定的期间内,出租人将资产使用权让与承租人,以获取租金的协议。

第三条 下列各项适用其他相关会计准则:

(一)出租人以经营租赁方式租出的土地使用权和建筑物,适用《企业会计准则第 3 号——投资性房地产》。

(二)电影、录像、剧本、文稿、专利和版权等项目的许可使用协议,适用《企业会计准则第 6 号——无形资产》。

(三)出租人因融资租赁形成的长期债权的减值,适用《企业会计准则第 22 号——金融工具确认和计量》。

第二章 租赁的分类

第四条 承租人和出租人应当在租赁开始日将租赁分为融资租赁和经营租赁。

租赁开始日,是指租赁协议日与租赁各方就主要租赁条款作出承诺日中的较早者。

第五条 融资租赁,是指实质上转移了与资产所有权有关的全部风险和报酬的租赁。其所有权最终可能转移，也可能不转移。

第六条　符合下列一项或数项标准的，应当认定为融资租赁：

（一）在租赁期届满时，租赁资产的所有权转移给承租人。

（二）承租人有购买租赁资产的选择权，所订立的购买价款预计将远低于行使选择权时租赁资产的公允价值，因而在租赁开始日就可以合理确定承租人将会行使这种选择权。

（三）即使资产的所有权不转移，但租赁期占租赁资产使用寿命的大部分。

（四）承租人在租赁开始日的最低租赁付款额现值，几乎相当于租赁开始日租赁资产公允价值；出租人在租赁开始日的最低租赁收款额现值，几乎相当于租赁开始日租赁资产公允价值。

（五）租赁资产性质特殊，如果不作较大改造，只有承租人才能使用。

第七条　租赁期，是指租赁合同规定的不可撤销的租赁期间。租赁合同签订后一般不可撤销，但下列情况除外：

（一）经出租人同意。

（二）承租人与原出租人就同一资产或同类资产签订了新的租赁合同。

（三）承租人支付一笔足够大的额外款项。

（四）发生某些很少会出现的或有事项。

承租人有权选择续租该资产，并且在租赁开始日就可以合理确定承租人将会行使这种选择权，不论是否再支付租金，续租期也包括在租赁期之内。

第八条　最低租赁付款额，是指在租赁期内，承租人应支付或可能被要求支付的款项（不包括或有租金和履约成本），加上由承租人或与其有关的第三方担保的资产余值。

承租人有购买租赁资产选择权，所订立的购买价款预计将远低于行使选择权时租赁资产的公允价值，因而在租赁开始日就可以合理确定承租人将会行使这种选择权的，购买价款应当计入最低租赁付款额。

或有租金，是指金额不固定、以时间长短以外的其他因素（如销售量、使用量、物价指数等)为依据计算的租金。

履约成本,是指租赁期内为租赁资产支付的各种使用费用,如技术咨询和服务费、人员培训费、维修费、保险费等。

第九条 最低租赁收款额,是指最低租赁付款额加上独立于承租人和出租人的第三方对出租人担保的资产余值。

第十条 经营租赁是指除融资租赁以外的其他租赁。

第三章 融资租赁中承租人的会计处理

第十一条 在租赁期开始日,承租人应当将租赁开始日租赁资产公允价值与最低租赁付款额现值两者中较低者作为租入资产的入账价值,将最低租赁付款额作为长期应付款的入账价值,其差额作为未确认融资费用。

承租人在租赁谈判和签订租赁合同过程中发生的,可归属于租赁项目的手续费、律师费、差旅费、印花税等初始直接费用,应当计入租入资产价值。

租赁期开始日,是指承租人有权行使其使用租赁资产权利的开始日。

第十二条 承租人在计算最低租赁付款额的现值时,能够取得出租人租赁内含利率的,应当采用租赁内含利率作为折现率;否则,应当采用租赁合同规定的利率作为折现率。承租人无法取得出租人的租赁内含利率且租赁合同没有规定利率的,应当采用同期银行贷款利率作为折现率。

第十三条 租赁内含利率,是指在租赁开始日,使最低租赁收款额的现值与未担保余值的现值之和等于租赁资产公允价值与出租人的初始直接费用之和的折现率。

第十四条 担保余值,就承租人而言,是指由承租人或与其有关的第三方担保的资产余值;就出租人而言,是指就承租人而言的担保余值加上独立于承租人和出租人的第三方担保的资产余值。

资产余值,是指在租赁开始日估计的租赁期届满时租赁资产的公允价值。

未担保余值，是指租赁资产余值中扣除就出租人而言的担保余值以后的资产余值。

第十五条　未确认融资费用应当在租赁期内各个期间进行分摊。

承租人应当采用实际利率法计算确认当期的融资费用。

第十六条　承租人应当采用与自有固定资产相一致的折旧政策计提租赁资产折旧。

能够合理确定租赁期届满时取得租赁资产所有权的，应当在租赁资产使用寿命内计提折旧。

无法合理确定租赁期届满时能够取得租赁资产所有权的，应当在租赁期与租赁资产使用寿命两者中较短的期间内计提折旧。

第十七条　或有租金应当在实际发生时计入当期损益。

第四章　融资租赁中出租人的会计处理

第十八条　在租赁期开始日，出租人应当将租赁开始日最低租赁收款额与初始直接费用之和作为应收融资租赁款的入账价值，同时记录未担保余值；将最低租赁收款额、初始直接费用及未担保余值之和与其现值之和的差额确认为未实现融资收益。

第十九条　未实现融资收益应当在租赁期内各个期间进行分配。

出租人应当采用实际利率法计算确认当期的融资收入。

第二十条　出租人至少应当于每年年度终了，对未担保余值进行复核。

未担保余值增加的，不作调整。

有证据表明未担保余值已经减少的，应当重新计算租赁内含利率，将由此引起的租赁投资净额的减少，计入当期损益；以后各期根据修正后的租赁投资净额和重新计算的租赁内含利率确认融资收入。

租赁投资净额是融资租赁中最低租赁收款额及未担保余值之和与未实现融资收益之间的差额。

已确认损失的未担保余值得以恢复的,应当在原已确认的损失金额内转回,并重新计算租赁内含利率,以后各期根据修正后的租赁投资净额和重新计算的租赁内含利率确认融资收入。

第二十一条　或有租金应当在实际发生时计入当期损益。

第五章　经营租赁中承租人的会计处理

第二十二条　对于经营租赁的租金,承租人应当在租赁期内各个期间按照直线法计入相关资产成本或当期损益;其他方法更为系统合理的,也可以采用其他方法。

第二十三条　承租人发生的初始直接费用,应当计入当期损益。

第二十四条　或有租金应当在实际发生时计入当期损益。

第六章　经营租赁中出租人的会计处理

第二十五条　出租人应当按资产的性质,将用作经营租赁的资产包括在资产负债表中的相关项目内。

第二十六条　对于经营租赁的租金,出租人应当在租赁期内各个期间按照直线法确认为当期损益;其他方法更为系统合理的,也可以采用其他方法。

第二十七条　出租人发生的初始直接费用,应当计入当期损益。

第二十八条　对于经营租赁资产中的固定资产,出租人应当采用类似资产的折旧政策计提折旧;对于其他经营租赁资产,应当采用系统合理的方法进行摊销。

第二十九条　或有租金应当在实际发生时计入当期损益。

第七章　售后租回交易

第三十条　承租人和出租人应当根据本准则第二章的规定,将售后租回交易认定为融资租赁或经营租赁。

第三十一条　售后租回交易认定为融资租赁的,售价与资产账面价值之间的差额应当予以递延，并按照该项租赁资产的折旧进度进行分摊,作为折旧费用的调整。

第三十二条 售后租回交易认定为经营租赁的,售价与资产账面价值之间的差额应当予以递延,并在租赁期内按照与确认租金费用相一致的方法进行分摊,作为租金费用的调整。但是,有确凿证据表明售后租回交易是按照公允价值达成的,售价与资产账面价值之间的差额应当计入当期损益。

第八章 列 报

第三十三条 承租人应当在资产负债表中,将与融资租赁相关的长期应付款减去未确认融资费用的差额,分别长期负债和一年内到期的长期负债列示。

第三十四条 承租人应当在附注中披露与融资租赁有关的下列信息:

(一)各类租入固定资产的期初和期末原价、累计折旧额。

(二)资产负债表日后连续三个会计年度每年将支付的最低租赁付款额,以及以后年度将支付的最低租赁付款额总额。

(三)未确认融资费用的余额,以及分摊未确认融资费用所采用的方法。

第三十五条 出租人应当在资产负债表中,将应收融资租赁款减去未实现融资收益的差额,作为长期债权列示。

第三十六条 出租人应当在附注中披露与融资租赁有关的下列信息:

(一)资产负债表日后连续三个会计年度每年将收到的最低租赁收款额,以及以后年度将收到的最低租赁收款额总额。

(二)未实现融资收益的余额,以及分配未实现融资收益所采用的方法。

第三十七条 承租人对于重大的经营租赁,应当在附注中披露下列信息:

（一）资产负债表日后连续三个会计年度每年将支付的不可撤销经营租赁的最低租赁付款额。

（二）以后年度将支付的不可撤销经营租赁的最低租赁付款额总额。

第三十八条　出租人对经营租赁，应当披露各类租出资产的账面价值。

第三十九条　承租人和出租人应当披露各售后租回交易以及售后租回合同中的重要条款。

附件七:国家税务总局关于融资性售后回租业务中承租方出售资产行为有关税收问题的公告

(国家税务总局公告 2010 年第 13 号)

现就融资性售后回租业务中承租方出售资产行为有关税收问题公告如下:

融资性售后回租业务是指承租方以融资为目的将资产出售给经批准从事融资租赁业务的企业后,又将该项资产从该融资租赁企业租回的行为。融资性售后回租业务中承租方出售资产时,资产所有权以及与资产所有权有关的全部报酬和风险并未完全转移。

一、增值税和营业税

根据现行增值税和营业税有关规定,融资性售后回租业务中承租方出售资产的行为,不属于增值税和营业税征收范围,不征收增值税和营业税。

二、企业所得税

根据现行企业所得税法及有关收入确定规定,融资性售后回租业务中,承租人出售资产的行为,不确认为销售收入,对融资性租赁的资产,仍按承租人出售前原账面价值作为计税基础计提折旧。租赁期间,承租人支付的属于融资利息的部分,作为企业财务费用在税前扣除。

本公告自 2010 年 10 月 1 日起施行。此前因与本公告规定不一致而已征的税款予以退税。

特此公告。

附件八：关于将铁路运输和邮政业纳入营业税改征增值税试点的通知

财税〔2013〕106号

各省、自治区、直辖市、计划单列市财政厅(局)、国家税务局、地方税务局,新疆生产建设兵团财务局:

经国务院批准,铁路运输和邮政业纳入营业税改征增值税(以下称营改增)试点。结合交通运输业和部分现代服务业营改增试点运行中反映的问题,我们对营改增试点政策进行了修改完善。现将有关试点政策一并印发你们,请遵照执行。

一、自2014年1月1日起,在全国范围内开展铁路运输和邮政业营改增试点。

二、各地要高度重视营改增试点工作,切实加强试点工作的组织领导,周密安排,明确责任,采取各种有效措施,做好试点前的各项准备以及试点过程中的监测分析和宣传解释等工作,确保改革的平稳、有序、顺利进行。遇到问题请及时向财政部和国家税务总局反映。

三、本通知附件规定的内容,除另有规定执行时间外,自2014年1月1日起执行。《财政部国家税务总局关于在全国开展交通运输业和部分现代服务业营业税改征增值税试点税收政策的通知》(财税〔2013〕37号)自2014年1月1日起废止。

附件:
1.营业税改征增值税试点实施办法
2.营业税改征增值税试点有关事项的规定

3.营业税改征增值税试点过渡政策的规定

4.应税服务适用增值税零税率和免税政策的规定

财 政 部

国家税务总局

2013 年 12 月 12 日

注:限于篇幅,附件内容略

附件九:关于铁路运输和邮政业营业税改征增值税试点有关政策的补充通知

财税〔2013〕121 号

各省、自治区、直辖市、计划单列市财政厅(局)、国家税务局、地方税务局,新疆生产建设兵团财务局:

经研究,现将铁路运输和邮政业营业税改征增值税(以下称营改增)有关政策补充通知如下:

一、邮政企业,中国邮政速递物流股份有限公司及其子公司(含各级分支机构),不属于《财政部国家税务总局关于将铁路运输和邮政业纳入营业税改征增值税试点的通知》(财税〔2013〕106 号)所称的中国邮政集团公司所属邮政企业。

二、航空运输企业,航空运输企业已售票但未提供航空运输服务取得的逾期票证收入,按照航空运输服务征收增值税。

三、融资租赁企业

(一)经中国人民银行、银监会或者商务部批准从事融资租赁业务的试点纳税人,在财税〔2013〕106 号文件发布前,已签订的有形动产融资性售后回租合同,在合同到期日之前,可以选择按照财税〔2013〕106 号文件有关规定或者以下规定确定销售额:试点纳税人提供有形动产融资性售后回租服务,以向承租方收取的全部价款和价外费用,扣除支付的借款利息(包括外汇借款和人民币借款利息)、发行债券利息后的余额为销售额。

(二) 经商务部授权的省级商务主管部门和国家经济技术开发区批

准从事融资租赁业务的试点纳税人,2014年3月31日前注册资本达到1.7亿元的,自本地区试点实施之日起,其开展的融资租赁业务按照财税〔2013〕106号文件和本通知第三条第(一)项规定执行;2014年4月1日后注册资本达到1.7亿元的,从达到标准的次月起,其开展的融资租赁业务按照财税〔2013〕106号文件和本通知第三条第(一)项规定执行。

四、计税方法。试点纳税人中的一般纳税人提供的铁路旅客运输服务,不得选择按照简易计税方法计算缴纳增值税。

五、原增值税纳税人(指按照《中华人民共和国增值税暂行条例》缴纳增值税的纳税人)有关政策。原增值税纳税人取得的2014年1月1日后开具的运输费用结算单据,不得作为增值税扣税凭证。

六、本通知第一、二、四、五条规定自2014年1月1日起执行,第三条规定自2013年8月1日起执行。

财　政　部
国家税务总局
2013年12月30日

附件十:关于在全国开展融资租赁货物出口退税 政策试点的通知

财税〔2014〕62 号

各省、自治区、直辖市、计划单列市财政厅(局)、国家税务局,海关总署广东分署、各直属海关,新疆生产建设兵团财务局:

为落实《国务院办公厅关于支持外贸稳定增长的若干意见》(国办发〔2014〕19 号)的有关要求,决定将现行在天津东疆保税港区试点的融资租赁货物出口退税政策扩大到全国统一实施。现将有关政策通知如下:

一、政策内容及适用范围

(一)对融资租赁出口货物试行退税政策。对融资租赁企业、金融租赁公司及其设立的项目子公司(以下统称融资租赁出租方),以融资租赁方式租赁给境外承租人且租赁期限在 5 年(含)以上,并向海关报关后实际离境的货物,试行增值税、消费税出口退税政策。

融资租赁出口货物的范围,包括飞机、飞机发动机、铁道机车、铁道客车车厢、船舶及其他货物,具体应符合《中华人民共和国增值税暂行条例实施细则》(财政部国家税务总局令第 50 号)第二十一条“固定资产”的相关规定。

(二)对融资租赁海洋工程结构物试行退税政策。对融资租赁出租方购买的,并以融资租赁方式租赁给境内列名海上石油天然气开采企业且租赁期限在 5 年(含)以上的国内生产企业生产的海洋工程结构物,视同出口,试行增值税、消费税出口退税政策。

海洋工程结构物范围、退税率以及海上石油天然气开采企业的具体范围按照《财政部国家税务总局关于出口货物劳务增值税和消费税政策的通知》(财税〔2012〕39号)有关规定执行。

(三) 上述融资租赁出口货物和融资租赁海洋工程结构物不包括在海关监管年限内的进口减免税货物。

二、退税的计算和办理

(一)融资租赁出租方将融资租赁出口货物租赁给境外承租方、将融资租赁海洋工程结构物租赁给海上石油天然气开采企业,向融资租赁出租方退还其购进租赁货物所含增值税。融资租赁出口货物、融资租赁海洋工程结构物(以下统称融资租赁货物)属于消费税应税消费品的,向融资租赁出租方退还前一环节已征的消费税。

(二)计算公式为:

增值税应退税额 = 购进融资租赁货物的增值税专用发票注明的金额或海关(进口增值税)专用缴款书注明的完税价格×融资租赁货物适用的增值税退税率

融资租赁出口货物适用的增值税退税率,按照统一的出口货物适用退税率执行。从增值税一般纳税人购进的按简易办法征税的融资租赁货物和从小规模纳税人购进的融资租赁货物,其适用的增值税退税率,按照购进货物适用的征收率和退税率孰低的原则确定。

消费税应退税额 = 购进融资租赁货物税收(出口货物专用)缴款书上或海关进口消费税专用缴款书上注明的消费税税额

(三) 融资租赁出租方应当按照主管税务机关的要求办理退税认定和申报增值税、消费税退税。

(四)融资租赁出租方在进行融资租赁出口货物报关时,应在海关出口报关单上填写"租赁货物(1523)"方式。海关依融资租赁出租方申请,对符合条件的融资租赁出口货物办理放行手续后签发出口货物报关单(出口退税专用,以下称退税证明联),并按规定向国家税务总局传递退税证明联相关电子信息。对海关特殊监管区域内已退增值税、消费税的货物,以融资租赁方式离境时,海关不再签发退税证明联。

(五) 融资租赁出租方凭购进融资租赁货物的增值税专用发票或海

关进口增值税专用缴款书、与承租人签订的融资租赁合同、退税证明联或向海洋工程结构物承租人开具的发票以及主管税务机关要求出具的其他要件,向主管税务机关申请办理退税手续。上述用于融资租赁货物退税的增值税专用发票或海关进口增值税专用缴款书,不得用于抵扣内销货物应纳税额。

融资租赁货物属于消费税应税货物的,若申请退税,还应提供有关消费税专用缴款书。

(六)对承租期未满而发生退租的融资租赁货物,融资租赁出租方应及时主动向税务机关报告,并按照规定补缴已退税款,对融资租赁出口货物,再复进口时融资租赁出租方应按照规定向海关办理复运进境手续并提供主管税务机关出具的货物已补税或未退税证明,海关不征收进口关税和进口环节税。

三、有关定义

本通知所述融资租赁企业,仅包括金融租赁公司、经商务部批准设立的外商投资融资租赁公司、经商务部和国家税务总局共同批准开展融资业务试点的内资融资租赁企业、经商务部授权的省级商务主管部门和国家经济技术开发区批准的融资租赁公司。

本通知所述金融租赁公司,仅包括经中国银行业监督管理委员会批准设立的金融租赁公司。

本通知所称融资租赁,是指具有融资性质和所有权转移特点的有形动产租赁活动。即出租人根据承租人所要求的规格、型号、性能等条件购入有形动产租赁给承租人,合同期内有形动产所有权属于出租人,承租人只拥有使用权,合同期满付清租金后,承租人有权按照残值购入有形动产,以拥有其所有权。不论出租人是否将有形动产残值销售给承租人,均属于融资租赁。

四、融资租赁货物退税的具体管理办法由国家税务总局另行制定。

五、本通知自 2014 年 10 月 1 日起执行。融资租赁出口货物的,以退税证明联上注明的出口日期为准;融资租赁海洋工程结构物的,以融资租赁出租方收取首笔租金时开具的发票日期为准。

财政部

海关总署

国家税务总局

2014 年 9 月 1 日

附件十一：国务院办公厅关于加快融资租赁业发展的指导意见

国办发〔2015〕68 号

各省、自治区、直辖市人民政府，国务院各部委、各直属机构：

近年来，我国融资租赁业取得长足发展，市场规模和企业竞争力显著提高，在推动产业创新升级、拓宽中小微企业融资渠道、带动新兴产业发展和促进经济结构调整等方面发挥着重要作用。但总体上看，融资租赁对国民经济各行业的覆盖面和市场渗透率远低于发达国家水平，行业发展还存在管理体制不适应、法律法规不健全、发展环境不完善等突出问题。为进一步加快融资租赁业发展，更好地发挥融资租赁服务实体经济发展、促进经济稳定增长和转型升级的作用，经国务院同意，现提出以下意见。

一、总体要求

（一）指导思想。深入贯彻党的十八大和十八届二中、三中、四中全会精神，认真落实党中央、国务院的决策部署，充分发挥市场在资源配置中的决定性作用，完善法律法规和政策扶持体系，建立健全事中事后监管机制，转变发展方式，建立专业高效、配套完善、竞争有序、稳健规范、具有国际竞争力的现代融资租赁体系，引导融资租赁企业服务实体经济发展、中小微企业创业创新、产业转型升级和产能转移等，为打造中国经济升级版贡献力量。

（二）基本原则。坚持市场主导与政府支持相结合，着力完善发展环境，充分激发市场主体活力；坚持发展与规范相结合，引导企业依法合规、有序发展；坚持融资与融物相结合，提高专业化水平，服务实体经济发展；坚持国内与国外相结合，在服务国内市场的同时，大力拓展海外市场。

（三）发展目标。到2020年，融资租赁业务领域覆盖面不断扩大，融资租赁市场渗透率显著提高，成为企业设备投资和技术更新的重要手段；一批专业优势突出、管理先进、国际竞争力强的龙头企业基本形成，统一、规范、有效的事中事后监管体系基本建立，法律法规和政策扶持体系初步形成，融资租赁业市场规模和竞争力水平位居世界前列。

二、主要任务

（四）改革制约融资租赁发展的体制机制。加快推进简政放权。进一步转变管理方式，简化工作流程，促进内外资融资租赁公司协同发展。支持自由贸易试验区在融资租赁方面积极探索、先行先试。对融资租赁公司设立子公司，不设最低注册资本限制。允许融资租赁公司兼营与主营业务有关的商业保理业务。

理顺行业管理体制。加强行业统筹管理，建立内外资统一的融资租赁业管理制度和事中事后监管体系，实现经营范围、交易规则、监管指标、信息报送、监督检查等方面的统一。引导和规范各类社会资本进入融资租赁业，支持民间资本发起设立融资租赁公司，支持独立第三方服务机构投资设立融资租赁公司，促进投资主体多元化。

完善相关领域管理制度。简化相关行业资质管理，减少对融资租赁发展的制约。进口租赁物涉及配额、许可证、自动进口许可证等管理的，在承租人已具备相关配额、许可证、自动进口许可证的前提下，不再另行对融资租赁公司提出购买资质要求。根据融资租赁特点，便利融资租赁公司申请医疗器械经营许可或办理备案。除法律法规另有规定外，承租人通过融资租赁方式获得设备与自行购买设备在资质认定时享受同等待遇。支持融资租赁公司依法办理融资租赁交易相关担保物抵(质)押登记。完善和创新管理措施，支持融资租赁业务开展。规范机动车交易和登记管理，简化交易登记流程，便利融资租赁双方当事人办理业务。完善船舶登记制度，进一步简化船舶出入境备案手续，便利融资租赁公司开展船舶租赁业务。对注册在中国(广东)自由贸易试验区、中国(天津)自由贸易试验区海关特殊监管区域内的融资租赁企业进出口飞机、船舶和海洋工程结构物等大型设备涉及跨关区的,在确保有效监管和执行现行相关税收政策的前提下,按物流实际需要,实行海关异地委托监管。按照相关规定,将有接入意愿且具备接入条件的融资租赁公司纳入金融信用信息基础数据库,实现融资租赁业务的信用信息报送及查询。

(五)加快重点领域融资租赁发展。积极推动产业转型升级。鼓励融资租赁公司积极服务"一带一路"、京津冀协同发展、长江经济带、"中国制造2025"和新型城镇化建设等国家重大战略。鼓励融资租赁公司在飞机、船舶、工程机械等传统领域做大做强,积极拓展新一代信息技术、高端装备制造、新能源、节能环保和生物等战略性新兴产业市场,拓宽文化产业投融资渠道。鼓励融资租赁公司参与城乡公用事业、污水垃圾处理、环境治理、广播通信、农田水利等基础设施建设。在公交车、出租车、公务用车等领域鼓励通过融资租赁发展新能源汽车及配套设施。鼓励融资租赁公司支持现代农业发展,积极开展面向种粮大户、家庭农场、农业合作社等新型农业经营主体的融资租赁业务,解决农业大型机械、生产设备、加工设备购置更新资金不足问题。积极稳妥发展居民家庭消费品租赁市场,发展家用轿车、家用信息设备、耐用消费品等融资租赁,扩大国内消费。

加快发展中小微企业融资租赁服务。鼓励融资租赁公司发挥融资便利、期限灵活、财务优化等优势,提供适合中小微企业特点的产品和服务。支持设立专门面向中小微企业的融资租赁公司。探索发展面向个人创业者的融资租赁服务,推动大众创业、万众创新。推进融资租赁公司与创业园区、科技企业孵化器、中小企业公共服务平台等合作,加大对科技型、创新型和创业型中小微企业的支持力度,拓宽中小微企业融资渠道。

大力发展跨境租赁。鼓励工程机械、铁路、电力、民用飞机、船舶、海洋工程装备及其他大型成套设备制造企业采用融资租赁方式开拓国际市场,发展跨境租赁。支持通过融资租赁方式引进国外先进设备,扩大高端设备进口,提升国内技术装备水平。引导融资租赁公司加强与海外施工企业合作，开展施工设备的海外租赁业务，积极参与重大跨国基础设施项目建设。鼓励境外工程承包企业通过融资租赁优化资金、设备等资源配置，创新工程设备利用方式。探索在援外工程建设中引入工程设备融资租赁模式。鼓励融资租赁公司"走出去"发展，积极拓展海外租赁市场。鼓励融资租赁公司开展跨境人民币业务。支持有实力的融资租赁公司开展跨境兼并，培育跨国融资租赁企业集团，充分发挥融资租赁对我国企业开拓国际市场的支持和带动作用。

（六）支持融资租赁创新发展。推动创新经营模式。支持融资租赁公司与互联网融合发展，加强与银行、保险、信托、基金等金融机构合作，创新商业模式。借鉴发达国家经验，引导融资租赁公司加快业务创新，不断优化产品组合、交易结构、租金安排、风险控制等设计，提升服务水平。在风险可控前提下，稳步探索将租赁物范围扩大到生物资产等新领域。支持融资租赁公司在自由贸易试验区、海关特殊监管区域设立专业子公司和特殊项目公司开展融资租赁业务。探索融资租赁与政府和社会资本合作（PPP）融资模式相结合。

加快发展配套产业。加快建立标准化、规范化、高效运转的租赁物与二手设备流通市场，支持建立融资租赁公司租赁资产登记流转平台，完善融资租赁资产退出机制，盘活存量租赁资产。支持设立融资租赁相关中介服务机构，加快发展为融资租赁公司服务的专业咨询、技术服务、评估鉴定、资产管理、资产处置等相关产业。

提高企业核心竞争力。引导融资租赁公司明确市场定位，集中力量发展具有比较优势的特定领域，实现专业化、特色化、差异化发展。支持各类融资租赁公司加强合作，实现优势互补。鼓励企业兼并重组。鼓励融资租赁公司依托适宜的租赁物开展业务，坚持融资与融物相结合，提高融资租赁全产业链经营和资产管理能力。指导融资租赁公司加强风险控制体系和内控管理制度建设，积极运用互联网、物联网、大数据、云计算等现代科学技术提升经营管理水平，建立健全客户风险评估机制，稳妥发展售后回租业务，严格控制经营风险。

(七)加强融资租赁事中事后监管。完善行业监管机制。落实省级人民政府属地监管责任。建立监管指标体系和监管评级制度,鼓励融资租赁公司进行信用评级。加强行业风险防范,利用现场与非现场结合的监管手段,强化对重点环节及融资租赁公司吸收存款、发放贷款等违法违规行为的监督,对违法违规融资租赁公司及时要求整改或进行处罚,加强风险监测、分析和预警,切实防范区域性、系统性金融风险。建立企业报送信息异常名录和黑名单制度,加强融资租赁公司信息报送管理,要求融资租赁公司通过全国融资租赁企业管理信息系统及时、准确报送信息,利用信息化手段加强事中事后监管。建立部门间工作沟通协调机制,加强信息共享与监管协作。

发挥行业组织自律作用。加快全国性行业自律组织建设,履行协调、维权、自律、服务职能,鼓励融资租赁公司加入行业自律组织。加强行业自我约束机制建设,鼓励企业积极承担社会责任,大力提升行业的国际影响力。

三、政策措施

(八)建设法治化营商环境。积极推进融资租赁立法工作,提高立法层级。研究出台融资租赁行业专门立法,建立健全融资租赁公司监管体系,完善租赁物物权保护制度。研究建立规范的融资租赁物登记制度,发挥租赁物登记的风险防范作用。规范融资租赁行业市场秩序,营造公平竞争的良好环境。推动行业诚信体系建设,引导企业诚实守信、依法经营。

(九)完善财税政策。为鼓励企业采用融资租赁方式进行技术改造和设备购置提供公平的政策环境。加大政府采购支持力度,鼓励各级政府在提供公共服务、推进基础设施建设和运营中购买融资租赁服务。通过融资租赁方式获得农机的实际使用者可享受农机购置补贴。鼓励地方政府探索通过风险补偿、奖励、贴息等政策工具,引导融资租赁公司加大对中小微企业的融资支持力度。落实融资租赁相关税收政策,促进行业健康发展。对开展融资租赁业务(含融资性售后回租)签订的融资租赁合同,按照其所载明的租金总额比照"借款合同"税目计税贴花。鼓励保险机构开发融资租赁保险品种,扩大融资租赁出口信用保险规模和覆盖面。

(十)拓宽融资渠道。鼓励银行、保险、信托、基金等各类金融机构在风险可控前提下加大对融资租赁公司的支持力度。积极鼓励融资租赁公司通过债券市场募集资金,支持符合条件的融资租赁公司通过发行股票和资产证券化等方式筹措资金。支持内资融资租赁公司利用外债,调整内资融资租赁公司外债管理政策。简化程序,放开回流限制,支持内资融资租赁公司发行外债试行登记制管理。支持融资租赁公司开展人民币跨境融资业务。支持融资租赁公司利用外汇进口先进技术设备,鼓励商业银行利用外汇储备委托贷款支持跨境融资租赁项目。研究保险资金投资融资租赁资产。支持设立融资租赁产业基金,引导民间资本加大投入。

(十一)完善公共服务。逐步建立统一、规范、全面的融资租赁业统计制度和评价指标体系,完善融资租赁统计方法,提高统计数据的准确性和及时性。依托企业信用信息公示系统等建立信息共享机制,加强统计信息交流。建立融资租赁业标准化体系,制订融资租赁交易等方面的标准,加强标准实施和宣传贯彻,提高融资租赁业标准化、规范化水平。研究制定我国融资租赁行业景气指数,定期发布行业发展报告,引导行业健康发展。

(十二)加强人才队伍建设。加强融资租赁从业人员职业能力建设,支持有条件的高校自主设置融资租赁相关专业。支持企业组织从业人员开展相关培训,采取措施提高从业人员综合素质,培养一批具有国际视野和专业能力的融资租赁人才。支持行业协会开展培训、教材编写、水平评测、经验推广、业务交流等工作。加大对融资租赁理念和知识的宣传与普及力度,不断提高融资租赁业的社会影响力和认知度,为行业发展营造良好的社会氛围。

各地区、各有关部门要充分认识加快融资租赁业发展的重要意义,加强组织领导,健全工作机制,强化部门协同和上下联动,协调推动融资租赁业发展。各地区要根据本意见,结合地方实际研究制定具体实施方案,细化政策措施,确保各项任务落到实处。有关部门要抓紧研究制定配套政策和落实分工任务的具体措施，为融资租赁业发展营造良好环境。商务部与银监会等相关部门要加强协调，密切配合，共同做好风险防范工作。商务部要做好融资租赁行业管理工作，会同相关部门对本意见的落实情况进行跟踪分析和督促指导，重大事项及时向国务院报告。

国务院办公厅

2015 年 8 月 31 日

附件十二：国务院办公厅关于促进金融租赁行业健康发展的指导意见

国办发〔2015〕69 号

各省、自治区、直辖市人民政府，国务院各部委、各直属机构：

金融租赁是与实体经济紧密结合的一种投融资方式，是推动产业创新升级、促进社会投资和经济结构调整的积极力量。近年来，我国金融租赁行业取得长足发展，综合实力显著提升，行业贡献与社会价值逐步体现。但总体上看，金融租赁行业对国民经济的渗透率和行业覆盖率仍然较低，外部环境不够完善，行业竞争力有待提高。为进一步促进金融租赁行业健康发展，创新金融服务，支持产业升级，拓宽中小微企业融资渠道，有效服务实体经济，经国务院同意，现提出以下意见。

一、加快金融租赁行业发展，发挥其对促进国民经济转型升级的重要作用

金融租赁公司是为具有一定生产技术和管理经验但生产资料不足的企业和个人提供融资融物服务的金融机构。通过设备租赁，可以直接降低企业资产负债率；通过实物转租，可以直接促进产能转移、企业重组和生产资料更新换代升级；通过回购返租，可以直接提高资金使用效率。

要充分认识金融租赁服务实体经济的重要作用，把金融租赁放在国民经济发展整体战略中统筹考虑。加快建设金融租赁行业发展长效机制，积极营造有利于行业发展的外部环境，进一步转变行业发展方式，力争形成安全稳健、专业高效、充满活力、配套完善、具有国际竞争力的现代金融租赁体系。充分发挥金融租赁提高资源配置效率、增强产业竞争能力和推动产能结构调整的引擎作用，努力将其打造成为优化资源配

置、促进经济转型升级的有效工具。

二、突出金融租赁特色,增强公司核心竞争力

深化体制机制改革,引导各类社会资本进入金融租赁行业,支持民间资本发起设立风险自担的金融租赁公司,扩大服务覆盖面。引导金融租赁公司明确市场定位,突出融资和融物相结合的特色,根据自身发展战略、企业规模、财务实力以及管理能力,深耕具有比较优势的特定领域,实现专业化、特色化、差异化发展。支持金融租赁公司顺应"互联网+"发展趋势,利用物联网、云计算、大数据等技术,提升金融服务水平。建立完善的公司治理结构和内部控制体系,推动有条件的金融租赁公司依法合规推进混合所有制改革,优化激励约束机制,形成权责明晰、制衡有效、激励科学、运转高效的内部治理体系。在风险可控前提下,鼓励金融租赁公司自主创新发展,加快专业化人才队伍培养,积极培育核心竞争力。

三、发挥产融协作优势,支持产业结构优化调整

鼓励金融租赁公司发挥扩大设备投资、支持技术进步、促进产品销售、增加服务集成等作用,创新业务协作和价值创造模式,积极服务"一带一路"、京津冀协同发展、长江经济带、"中国制造 2025"等国家重大战略,推动大众创业、万众创新。积极支持新一代信息技术、高端装备制造、新能源、新材料、节能环保和生物等战略性新兴产业发展。加大对教育、文化、医药卫生等民生领域支持力度。在飞机、船舶、工程机械等传统领域培育一批具有国际竞争力的金融租赁公司。在公交车、出租车、公务用车等领域鼓励通过金融租赁发展新能源汽车及其配套设施。鼓励金融租赁公司利用境内综合保税区、自由贸易试验区现行税收政策和境外优惠政策,设立专业子公司开展金融租赁业务,提升专业化经营服务水平。支持金融租赁公司开拓国际市场,为国际产能和装备制造合作提供配套服务。鼓励通过金融租赁引入国外先进设备,提升国内技术装备水平,同时要注重支持使用国产设备。

四、提升金融租赁服务水平,加大对薄弱环节支持力度

支持设立面向"三农"、中小微企业的金融租赁公司。鼓励金融租赁公司发挥融资便利、期限灵活、财务优化等优势,开发适合"三农"特点、价格公允的产品和服务,积极开展大型农机具金融租赁试点,支持农业大型机械、生产设施、加工设备更新。探索将生物资产作为租赁物的可行性。允许符合条件的金融租赁公司享受财政贴息和财政奖励。允许租赁农机等设备的实际使用人按规定享受农机购置补贴。加大对科技型、创新型、创业型中小微企业支持力度。允许金融租赁公司使用地方人民政府建立的中小微企业信贷风险补偿基金,参与中小微企业信用体系建设。鼓励地方人民政府通过奖励、风险补偿等方式,引导金融租赁公司加大对"三农"、中小微企业融资支持力度。支持符合条件的金融租赁公司发行"三农"、小微企业金融债券。适当提高中小微企业金融租赁业务不良资产容忍度。

五、加强基础设施建设,夯实行业发展基础

逐步完善金融租赁行业法律法规,研究建立具有法律效力的租赁物登记制度,发挥租赁物的风险保障作用,维护金融租赁公司的合法权益。落实金融租赁税收政策,切实促进行业健康发展。推动建设租赁物二手流通市场,拓宽租赁物处置渠道,丰富金融租赁公司盈利模式。加大政府采购支持力度,鼓励各级人民政府在提供公共服务、推进基础设施建设和运营中购买金融租赁服务。将通过金融租赁方式进行的企业技术改造和设备购置纳入鼓励政策适用范围。

六、完善配套政策体系,增强持续发展动力

允许符合条件的金融租赁公司上市和发行优先股、次级债,丰富金融租赁公司资本补充渠道。允许符合条件的金融租赁公司通过发行债券和资产证券化等方式多渠道筹措资金。研究保险资金投资金融租赁资产。适度放开外债额度管理要求,简化外债资金审批程序。支持金融租赁公司开展跨境人民币业务,给予金融租赁公司跨境人民币融资额度。积极运用外汇储备委托贷款等多种方式,加大对符合条件金融租赁公司的支持力度。建立形式多样的租赁产业基金,为金融租赁公司提供长期稳定资金来源。规范机动车交易和登记管理,简化交易登记流程,便利金融租赁公司办理业务。完善船舶登记制度,促进船舶金融租赁业务健康发展。

七、加强行业自律,优化行业发展环境

加强金融租赁行业自律组织建设,履行协调、维权、自律、服务职能,建立健全行业自我约束机制,积极承担社会责任,维护行业整体形象。加强对金融租赁理念、知识的宣传和普及,提升公众和企业认知度。强化信息披露,定期发布金融租赁行业数据。积极与高等院校等开展合作,培育专业化金融租赁人才。支持金融租赁行业共同组建市场化的金融租赁登记流转平台,为各类市场主体自愿参与提供服务,活跃金融租赁资产的交易转让,盘活存量金融租赁资产,更好服务实体经济。

八、完善监管体系,增强风险管理能力

全面加强金融租赁公司风险管理,强化实物资产处置能力。建立健全风险监测预警机制,深入排查各类风险隐患,完善风险应急预案。完善资产分类和拨备管理,增强风险抵御能力。加强合规体系建设,增强金融租赁行业合规经营意识,建立健全合规管理长效机制。落实简政放权、放管结合、优化服务工作要求,着力加强事中事后监管,优化监管资源配置,加强行业顶层制度建设。有关部门要加强协调配合,防止风险交叉传染。完善以风险为本、资本监管为核心,适合行业特点的监管体系,在风险可控前提下,促进金融租赁行业健康发展,守住不发生系统性区域性金融风险底线。

国务院办公厅
2015 年 9 月 1 日

附件十三:国际融资租赁公约

本公约各缔约国:

认识到在保持国际融资租赁交易各方当事人之间利益公正平衡的同时,消除设备国际融资租赁的某些法律障碍的重要性;

意识到使国际融资租赁更多地得以使用的需要;

意识到关于传统的租借合同的法律规则有待于适应融资租赁交易所产生的特有的三方关系的事实;

进而认识到制订主要与国际融资租赁民事和商事法律方面有关的某些统一规则的必要性;

兹协议如下:

第一章 适用范围和总则

第一条

1.本公约管辖第 2 款所指的融资租赁交易,在这种交易中,一方(出租人):

(1)根据另一方(承租人)提供的规格,与第三方(供应商)订立一项协议(供应协议)。根据此协议,出租人按照承租人在与其利益有关的范围内所同意的条款取得工厂、资本货物或其他设备(设备),并且:

(2)与承租人订立一项协议(租赁协议),以承租人支付租金为条件授予承租人使用设备的权利。

2.前款所指的融资租赁交易系指包括以下特点的交易:

(1)承租人指定设备并选择供应商,并不主要依赖出租人的技能和判断;

(2)出租人取得的设备与一租赁协议相联系,并且供应商知道这一租赁协议业已或将要在出租人和承租人之间订立;而且:

(3)租赁协议规定的应付租金的计算特别考虑到了摊提设备的全部或大部分成本。

3.无论承租人是否已经取得或者以后取得购买设备或者在更长期间内为租赁而继续持有设备的选择权,亦无论是否支付名义上的价金或租金,本公约均适用。

4.本公约适用于与任何设备有关的融资租赁交易,但主要供承租人个人、家人或家庭使用的设备除外。

第二条

在一次或多次转租交易涉及同一设备的情况下,本公约适用于每一项本应适用本公约的融资租赁交易,如同向第一个出租人(见前条第1款的规定)提供设备的人是供应商,据以取得该设备的协议是供应协议一样。

第三条

1.在出租人与承租人营业地在不同国家时,本公约适用,而且:

(1)如果这些国家及供应商营业地所在国均为缔约国;或者:

(2)供应协议与租赁协议均受某一缔约国法律管辖。

2.本公约所指的当事人的营业地,在当事人有一个以上营业地时,系指与有关协议及其履行有最密切联系的营业地,但应考虑到当事人在订立协议之前的任何时候或订立协议之时所知道或所设想的情况。

第四条

1.本公约不得仅由于设备已成为土地的附着物或已并入土地之中而终止适用。

2.任何有关设备是否已成为土地的附着物或已并入土地之中的问题以及如果设备已成为土地的附着物或已并入土地之中其对出租人和对

土地享有物权的人之间权利的影响,应由土地所在国法律确定。

第五条

1.只有在供应协议与租赁协议各方当事人同意时,方可排除适用本公约。

2.在未根据前款规定排除适用本公约时,当事人在其相互关系方面可以减损本公约的任何规定或变更其效力,但第八条第3款及第十三条第3款(2)和第4款规定的除外。

第六条

1.在解释本公约时,应考虑到序言所申明的目标与目的,公约的国际性质以及促进其适用的统一与在国际贸易中遵守诚信的需要。

2.凡本公约未明确解决的属于本公约范围内的问题,应按照本公约所依据的一般原则来解决,在没有一般原则的情况下,则应按照国际私法规则确定的适用法律来解决。

第二章　当事人各方的权利与义务

第七条

1.(1) 出租人对设备的物权应可有效地对抗承租人的破产受托人和债权人,包括已经取得扣押或执行令状的债权人。

(2)为本款目的,"破产受托人"包括清算人、管理人或被指定为债权人全体的利益而管理承租人的财产的其他人。

2.如根据适用法律规定,只有符合有关公告的规定时,出租人对设备的物权才能有效地对抗前款所指的人,则只有在符合上述规定时,这些权利才能有效地对抗该人。

3.为前款目的,适用法律应为在第1款所指的人有权援引前款所指的规则时下列国家的法律:

(1)如系经注册的船舶,以所有权人名义注册所在国(为本项目的,光船租船人不视为所有权人);

(2)如系根据1944年12月7日在芝加哥制订的《国际民用航空公

约》登记的航空器,依此规定登记的所在国;

(3)如系通常由一国移至另一国类型的其他设备,包括飞机引擎,承租人主营业地所在国;

(4)如系任何其他设备,设备所在国。

4. 第2款不应影响要求承租人对设备的物权须经承认的任何其他公约的规定。

5.本条不应影响享有以下权利的任何债权人的优先权:

(1)非由于扣押或执行令状而产生的,双方同意或不同意的对设备的留置权或担保利益,或者:

(2)根据国际私法规则确定的适用法律特别是在船舶或航空器方面所取得的任何扣留、扣押或处置的权利。

第八条

1.(1)除本公约或租赁协议另有规定外,出租人不应对承租人承担设备方面的任何责任,除非承担人由于依赖出租人的技能和判断以及出租人干预选择供应商或设备规格而受到损失。

(2)出租人不应以其出租人身份而对第三人承担由于设备所造成的死亡、人身伤害或财产损害的责任。

(3)本款的上述规定不适用于出租人以任何其他身份,例如所有权人的身份,所负的任何责任。

2.出租人保证承租人的平静占有将不受享有优先所有权或权利或者要求优先所有权或权利并根据法院授权行为的人的侵扰,如果这一所有权、权利或要求不是由于承租人的行为或不行为所产生的话。

3.如果该优先所有权、权利或要求是因为出租人的故意或严重过失的行为或不行为所造成的,当事人不得减损前款规定或变更其效力。

4.第2款和第3款的规定不应影响国际私法规则确定的适用法律所规定的出租人对平静占有的强制性的更广泛的保证义务。

第九条

1.承租人应适当地保管设备,以合理的方式使用设备并且使之处于其交付的状态。但是合理的损耗及当事人所同意的对设备的改变除外。

2.当租赁协议终止时,承租人应将处于前款规定状态的设备退还给出租人,除非承租人行使权利购买设备或继续为租赁而持有设备。

第十条

1.供应商根据供应协议所承担的义务亦应及于承租人,如同承租人是该协议的当事人而且设备是直接交付给承租人一样。但是,供应商不应因为同一损害同时对出租人和承租人负责。

2.本条不应使承租人有权不经出租人同意终止或撤销供应协议。

第十一条

承租人依据本公约所得自供应协议的权利不应由于供应协议中原来经承租人同意的任何条款的变更而受到影响,除非承租人事先已同意此种变更。

第十二条

1.在设备未交付、交付迟延或设备与供应协议不符时:

(1)对出租人,承租人有权拒收设备或终止租赁协议;而且:

(2) 出租人有权提供符合供应协议规定的设备对违约做出补救,如同承租人已经同意按照与供应协议相同的条款从出租人那里购买设备一样。

2.前款规定的权利,应按照与承租人同意根据与供应协议相同的条款向出租人购买设备时相同的方式行使并且在同样的情况上丧失。

3.承租人应有权提留根据租赁协议应付的租金,直至出租人对其违约做出补救,提供符合租赁协议规定的设备或者承租人丧失了拒收设备的权利。

4.如果承租人已经行使了其终止租赁协议的权利,则承租人应有权收回预付的任何租金及款项,但应减去承租人得自设备的收益的合理金额。

5.承租人不应因为不交货、交货迟延或交付不符设备而享有针对出租人的其他请求权,除非这些是由出租人的行为或不行为所造成的。

6.本条不应影响承租人根据第十条在对抗供应商方面所享有的权利。

第十三条

1.在承租人违约时,出租人可以收取未付的到期租金以及利息和损害赔偿。

2.如果承租人的违约是实质性的,则在第 5 款的条件下,出租人在租赁协议有此规定时也可以要求加速支付未到期租金,或者终止租赁协议并在终止协议之后;

(1)收回对设备的占有;并且:

(2)收取将使出租人处于如同承租人根据租赁协议的条款履行协议时出租人本(1)租赁协议可以说明第 2 款(2)规定的损害赔偿的计算方式。

3.此种规定在当事人之间应为强制性规定,除非此种规定将导致大大超过第 2 款(2)所规定的损害赔偿。当事人不得减损本项之规定或变更其效力。

4.如果出租人已经终止租赁协议,则出租人无权强制执行租赁协议关于加速支付未到期租金的条款,但未到期租金的价值可以在按照第 2 款(2)和第 3 款计算损害赔偿时考虑在内。当事人不得减损本款的规定或变更其效力。

5.在违约可以补救的情况下,除非出租人已经通知承租人给予承租人一个对违约做出补救的合理机会,否则出租人不得行使其加速收取租金或终止租赁协议的权利。

6.如出租人未能采取一切合理措施减轻其损失,则出租人不得就这部分损失收取损害赔偿。

第十四条

1.出租人可以转让或以其他方式处置其对设备或在租赁协议中的全部或部分权利。此种转让并不解除出租人根据租赁协议所承担的任何义务,或者改变租赁协议的性质或本公约规定的出租人的法定待遇。

2.只有在经出租人同意并不损害第三人利益的情况下,承租人方可转让其对设备的使用权或租赁协议规定的任何其他权利。

第三章　最后条款

第十五条

1.本公约在通过国际统一私法协会国际保付代理公约草案和国际融资租赁公约草案的外交会议闭幕会议上开放签字,并在渥太华向所有国家继续开放签字,直至 1990 年 12 月 31 日。

2.本公约须经签字国批准、接受或核准。

3.本公约自开放签字之日起开放给所有非签字国加入。

4.批准、接受、核准或加入经向保管人交存具有此等效力的正式文件生效。

第十六条

1.本公约于第三份批准、接受、核准或加入书交存之日起 6 个月后的第 1 个月第 1 天生效。

2.对于在第三份批准书、接受书、核准书或加入书交存后才批准、接受、核准或加入本公约的国家,本公约在该国交存其批准书、接受书、核准书或加入书之日起 6 个月后的第 1 个月第 1 天对该国生效。

第十七条

本公约并不优于业已缔结或可能缔结的任何条约;尤其不应影响业已缔结的和将来缔结的条约所规定的任何人所应承担的任何责任。

第十八条

1.如果缔约国具有两个或两个以上的领土单位,而各领土单位对本公约规定的事项适用不同的法律制定,则该国得在签字、批准、接受、核准或加入时声明本公约适用于该国全部领土单位或仅适用于其中一个或数个领土单位,并且可以随时提出另一声明来代替其所做的声明。

2.这些声明应通知保管人,并且明确地说明适用本公约的领土单位。

3.如果根据按本条做出的声明,本公约适用于缔约国一个或数个但不是全部领土单位,而且一方当事人的营业地位于该缔约国内,则为本公约目的,该营业地除非位于本公约适用的领土单位内,否则视为不在缔约国内。

4.如果缔约国没有根据第 1 款做出声明,则本公约适用于该国所有领土单位。

附件十四:租赁物买卖合同范本

编号:××××××

买方:A 金融租赁有限公司(以下简称"买方")

注册地址:＿＿＿＿＿＿＿＿＿＿＿＿＿＿＿＿

邮政编码:＿＿＿＿＿＿＿＿＿＿＿＿＿＿＿＿

电话:＿＿＿＿＿＿＿　传真:＿＿＿＿＿＿＿

法定代表人:＿＿＿＿　职务:＿＿＿＿＿＿＿

卖方:C 有限责任公司(以下简称"卖方")

注册地址:＿＿＿＿＿＿＿＿＿＿＿＿＿＿＿＿

邮政编码:＿＿＿＿＿＿＿＿＿＿＿＿＿＿＿＿

电话:＿＿＿＿＿＿＿　传真:＿＿＿＿＿＿＿

法定代表人:＿＿＿＿　职务:＿＿＿＿＿＿＿

承租人:B 股份有限公司(以下简称"承租人")

注册地址:＿＿＿＿＿＿＿＿＿＿＿＿＿＿＿＿

邮政编码:＿＿＿＿＿＿＿＿＿＿＿＿＿＿＿＿

电话:＿＿＿＿＿＿＿　传真:＿＿＿＿＿＿＿

法定代表人:＿＿＿＿　职务:＿＿＿＿＿＿＿

经友好协商,合同各方就本合同第一条约定的租赁物件的买卖达成一致,于＿年＿月＿日签订本《租赁物件买卖合同》(以下简称"本合

同"),条款如下:

第一条　买卖的租赁物件

1.1　买方根据承租人的指定愿意购买出卖人所拥有的本合同项下指定的设备,以将该设备出租给承租人使用,出卖人同意出售本合同所需设备,并清楚地了解买方购买所述设备是用于出租给指定用户使用。租赁物件以本合同附件一《设备清单》(与《融资租赁合同》附件一《设备清单》一致)为准。

1.2　卖方保证在签订本合同之际及向买方转移租赁物件所有权之际,对租赁物件享有完全的所有权,租赁物件品质完好,没有涉及任何争议或纠纷,不是任何人追索的对象,也没有为任何第三人设置抵押、质押、留置等形式的担保权益或负担。如任何第三方对出卖租赁物件依法提出权利或者主张(包括赔偿责任),均由卖方承担。

第二条　购买价格、付款条件及结算方式

2.1　租赁物件的净值为人民币(大写)元整(小写),买方的购买价格为人民币(大写)元整(小写)(以下简称"货款")。买方向卖方支付货款的条件是:

2.1.1　《融资租赁合同》已经生效。

2.1.2　承租人已收到卖方交付的租赁物件。

2.1.3　买方收到承租人法定代表人签字并加盖公章确认的《租赁物件接收确认单》。

2.2　在2.1款所述条件全部满足后的✕个工作日内,买方将向卖方支付租赁物件货款(大写)元整(小写)。卖方应在收到前述货款后给买方开具全额货款收据。

2.3　户名:＿＿＿＿＿＿＿＿＿＿＿＿＿＿＿＿＿＿

　　开户行:＿＿＿＿＿＿＿＿＿＿＿＿＿＿＿＿＿＿

　　开户行地址:＿＿＿＿＿＿＿＿＿＿＿＿＿＿＿＿

人民币账号：_____

2.4 因买方购买本合同项下的租赁物件所发生的税费等均由卖方承担并支付。

第三条 租赁物件的交付和所有权的转移

3.1 本合同签订之日起×个工作日内，由卖方将租赁物件直接交付承租人。承租人应在收到租赁物件当日向买方出具经其法定代表人签字并加盖公章的《租赁物件接收确认单》。《租赁物件接收确认单》为卖方完成其在本合同项下交付义务的有效证明。

3.2 租赁物件所有权自买方支付购买租赁物件货款之际转移至买方名下。卖方在收到买方支付的货款后×个工作日内向买方出具《租赁物件所有权转让确认书》。买方付款时间以买方银行划款时间为准。

第四条 违约责任

4.1 如本合同任何一方违约，并由此给他方造成损失，则违约方应承担相应的赔偿责任。

4.2 自本合同生效之日起，如卖方不履行合同义务或履行合同义务不符合约定，买方保留其对卖方的索赔权，并有权将该索赔权转让给承租人。若索赔权转让给承租人的，由卖方直接向承租人承担赔偿责任。

第五条 争议的解决

5.1 凡因本合同引起的或与本合同有关的任何争议，由各方通过友好协商解决。协商不成，任何一方可以向买方住所地有管辖权的人民法院提起诉讼。因诉讼发生的相关费用（包括但不限于案件受理费、差旅费、合理的律师费等）均由败诉方承担。

5.2 在合同存在部分争议的情况下，解决争议期间，各方仍应继续执行与争议无关的合同条款。

第六条　其　他

本合同经买卖双方法定代表人或授权代表加盖公章并经承租人确认后生效。

第七条　附　件

下列附件为本合同不可分割的一部分,与本合同具有同等法律效力:

一、设备清单

二、租赁物件所有权转让确认书

****

(以下无正文,签字页附后)

(本页无正文,仅为××××××号《租赁物件买卖合同》的签字页)

买方:_____

(公　章)

法定代表人(或授权代表)签字:

卖方:_____

(公　章)

法定代表人(或授权代表)签字:

承租人:_____

(公　章)

法定代表人(或授权代表)签字:

租赁合同附件:

一、设备清单

序号	设备名称	型号	数量	价格

二、租赁物件所有权转让确认书

编号:　××××××

××金融租赁有限公司:

根据×年×月×日我司(卖方)与贵司(买方)、承租人B股份有限公司签订的"××××××"《租赁物件买卖合同》(以下简称《买卖合同》),现我司确认如下:

我司已收到贵司依据《买卖合同》约定应当支付的全部货款。《融资租赁合同》附件中《设备清单》所列设备的所有权,自贵司根据《买卖合同》约定向我司支付全部货款之时起即转至贵司名下。货款支付时间以买方银行划款凭证所记载的日期为准。买方银行划款凭证是本确认书的有效组成部分。本《租赁物件所有权转让确认书》是《租赁物件买卖合同》不可分割的有效附件。

确认人:C有限责任公司

(公　章)

法定代表人(授权代表)签字:

日期:　年　月　日

附件十五:融资租赁合同范本

出租人(甲方):A 金融租赁有限公司

注册地址:＿＿＿＿＿＿＿＿＿＿＿＿＿＿＿

邮政编码:＿＿＿＿＿＿＿＿＿＿＿＿＿＿＿

电话:＿＿＿＿＿＿ 传真:＿＿＿＿＿＿＿＿

法定代表人:＿＿＿＿ 职务:＿＿＿＿＿＿＿

承租人(乙方):B 股份有限公司

注册地址:＿＿＿＿＿＿＿＿＿＿＿＿＿＿＿

邮政编码:＿＿＿＿＿＿＿＿＿＿＿＿＿＿＿

电话:＿＿＿＿＿＿ 传真:＿＿＿＿＿＿＿＿

法定代表人:＿＿＿＿ 职务:＿＿＿＿＿＿＿

甲乙双方根据《中华人民共和国合同法》之规定,经协商一致,自愿签订本融资租赁合同(以下简称本合同)。

本合同一经签订,在法律上对甲乙双方均有约束力。

第一条　租赁物名称

租赁物,是指乙方自行选定的以租用、留购为目的,甲方融资购买的第××××号购买合同项下的技术设备。

第二条　租赁物的购买

1.乙方以租用、留购为目的,以融资租赁方式向甲方承租租赁物;甲方根据乙方的上述目的为其融资购买租赁物；

2.乙方须向甲方提供甲方认为必要的各种批准文件及担保函；

3.乙方根据自己的需要选定租赁物及卖主和制造厂家，并与甲方一直参加订货谈判；在甲方主持下，乙方自行与卖主商定租赁物的名称、规格、型号、数量、质量、技术标准、技术服务及设备的品质保证等购买合同中的技术设备条款；甲乙双方与卖方共同商定价格、交货期、支付方式等购买合同中的商务条款；甲方以买主身份主签，乙方以承租人身份附签第××号购买合同；

4.甲方应负责筹措购买租赁物所需的资金，并根据购买合同规定办理进口许可证，履行支付定金、开立信用证、租船订舱、投保、结算等项义务；

5.乙方负担购买租赁物应缴纳的海关关税、其他税款和银行开立信用证等国内费用。甲方垫付的银行开证费，乙方应在甲方指定的日期内，将款额及应付的利息给甲方。人民币计息办法按中国人民银行的规定办理。

第三条　租赁物的交货

1.甲方支付货款并取得提货单后，将提单挂号寄送乙方即为完成向乙方交货。乙方应凭单到指定地点接货。乙方不得以任何理由拒收货物。提货后，乙方自负保管责任。如乙方不能及时缴纳关税等款项或办理提货手续所造成的损失，由乙方负担；

2.因不可抗力及延迟运输、卸货、报关等不属于甲方原因而造成的租赁物的延迟交货或不能交货，甲方不负责任；

3.租赁物由乙方根据购买合同的规定进行商检，并将商检结果于商检后×日内书面通告甲方；

4.如卖主延迟交货，租赁物的规格、型号、数量、质量、技术标准等与购买合同规定的内容不符或在购买合同保证期内发生质量问题，均按购买合同规定由卖主负责。乙方不得向甲方追索；

5.乙方若因前款原因遭受损害，乙方应提供有关证据及索赔或仲裁

方案,甲方根据乙方的要求向卖方索赔或提出仲裁。索赔、仲裁的结果及发生的全部费用,均由乙方承担;

6.不论发生上述何种情况,不免除乙方按期支付租金的义务。

第四条　合同期限和租赁期限

1.本合同期限,指从本合同生效之日至甲方收到乙方所有租金和应付的一切款项后出具租赁物所有权转移证明书之日;

2.租赁期限,自起租日起算,共✕个月。

第五条　租金

1.甲方为乙方融资购买租赁物,乙方承租租赁物件须付租金给甲方;

2.租金是购买租赁物的成本与租赁费之和;

3.如乙方提前偿还租金,需提前✕天同甲方协商,甲方同意后,方可提前偿还租金,但须加收✕个月利息;

如乙方未按期支付租金,应缴纳迟延利息,延付一个月内按原固定租赁费率的 _____ 计收;一个月后,每超过一天加收欠租金额的 _____ 罚息。

第六条　服务费和保证金

1.乙方在购买合同签订日后✕天内,向甲方交付 _____ 元,作为付给甲方的服务费。

2.乙方按《租金支付表》的规定,在购买合同签订日后✕天内交付甲方保证金。保证金不计利息,在第一期租金到期时,自动抵作该期租金的全部或部分。

3.如因乙方未及时支付保证金和服务费致使购买合同不能执行所造成的损失由乙方负责。

第七条　租赁物的所有权和使用权

1.在本合同期限内,租赁物的所有权属于甲方。乙方除非征得甲方的书面同意,不得有转让、转租、抵押租赁物或将其投资给第三者或其他任何侵犯租赁物所有权的行为;

2.在本合同期限内,租赁物的使用权属于乙方。如任何第三者由于甲

方的原因对租赁物主张任何权利,概由甲方负责。乙方的使用权,不得因此受到影响;

3.在本合同期限内,乙方负责租赁物维修、保养并承担其全部费用。甲方有权在其认为适当的时候,检查租赁物的使用和保养情况,乙方对甲方的检查应提供方便。如果需要,租赁物维修保养合同由乙方与卖主或原制造厂家签订,或由甲方代乙方与卖主或原制造厂家签订。如需更换租赁物的零件,在未得到甲方书面同意时,只能用其原制造厂提供的零件更换;

4.因租赁物本身及其设置、保管、使用及租金的交付所发生的一切费用、税款(甲方应缴纳的利润所得税除外)由乙方负担;

5.因租赁物本身及其设置、保管、使用等原因致使第三者遭受损害时,乙方应负赔偿责任。

第八条 租赁物的灭失及毁损

1.在本合同期限内,乙方承担租赁物灭失或毁损的风险;

2.如租赁物灭失或毁损,乙方应立即通知甲方,甲方可选择下列方式之一,由乙方负责处理并负担一切费用:

(1)将租赁物复原或修理至可正常使用之状态;

(2)更换与租赁物同等状态和性能的物件。

3.租赁物灭失或毁损至无法修理的程度时,乙方应按损失赔偿金额,赔偿给甲方。当乙方将损失赔偿金额及其他应付的款项缴纳给甲方时,按本合同第十三条办理。

第九条 保险

1.自还租期限起算日开始,甲方以购买合同 CIF 价及本合同规定的币种对租赁物投保财产险,并使之在还租期限内持续有效。保险费由乙方负担,计入实际成本;

2.事故发生后,乙方须立即通知甲方,并提供一切必要的文件,以便甲方领取保险金;

3.甲方将取得的保险金,根据与乙方商定的下述原则之一办理:

(1)作为第八条第 2 款第(1)项或第(2)项所需费用的支付；

(2)作为第八条第 3 款及其他乙方应付给甲方的款项。

保险金不足以支付上述之一的款项时，由乙方补足。

第十条 违反本合同

1.如甲方未能履行本合同第二条第 4 款所规定的义务造成卖主逾期交付租赁物，甲方购买租赁物所支付款项在逾期期间所发生的利息由甲方承担；

2.如乙方不支付租金或违反本合同其他条款，甲方有权要求乙方即时付清租金和其他费用，或收回租赁物自行处置，所得款项抵作乙方应付租金及迟延利息，不足部分应由乙方赔偿。虽然甲方采取前述措施，并不因之免除本合同规定的乙方其他义务。

第十一条 甲方权利的转让和抵押

本合同期内，甲方有权将本合同赋与甲方全部或部分权利转让给第三者，或提供租赁物作为抵押，但不得影响乙方在本合同项下的权利和义务。

第十二条 重大变故的处理

1.乙方如发生关闭、停产、合并、分立、破产等情况，须立即通知甲方，甲方可立即采取本合同第十条规定的措施；

2.乙方和担保人的法定地址、法定代表人等发生变化，不影响本合同的执行，但乙方和担保人应立即书面通知甲方。

第十三条 租赁物所有权的转移

乙方向甲方付清全部租金及其他款项，并再向甲方支付租赁物的残值 ＿＿＿＿ 元(人民币)后，由甲方向乙方出具租赁物所有权转移证明书，租赁物的所有权即转归乙方所有。

第十四条 担保

乙方委托 C 为本合同乙方的担保人，担保人向甲方出具不可撤销的租金担保函；

乙方负责将本合同复印件转交担保人。

第十五条　争议的解决

有关本合同的一切争议,甲乙双方首先应根据本合同规定的内容协商解决,如协商不能解决时,采取下列方式:

1.向 _____ 市合同仲裁委员会提起仲裁;

2.向 _____ 市人民法院提起诉讼。

第十六条　合同的修改和补充

凡对本合同进行修改、补充或变更,须以书面形式经双方法定代表人或授权的委托代理人签字后生效,并作为本合同的组成部分,同原合同具有同等效力。

第十七条　本合同必不可少的附件

1.设备清单

2.租金支付表

3.租赁物接收确认单

4.租赁物所有权转让函

(注:限于文章篇幅,本文中仅列举了主要事项,在实务操作过程中,合同的附件可以根据项目的不同,由出租人与承租人协商确定。)

第十八条　本合同的生效

本合同经甲乙双方法定代表人或由其授权的委托代理人签字后生效。本合同正式一式二份,甲乙双方各执一份。

甲　方:_____　　代表人:_____

　　　　　　　　　　　　　年　　月　　日

乙　方:_____　　代表人:_____

　　　　　　　　　　　　　年　　月　　日

融资租赁合同附件 15-1：

设备清单

序号	设备名称	型号	数量	价格

融资租赁合同附件 15-2:
租金支付表

(单位:元 人民币)

序号	支付时间	应付租金
0	起租日当天	
1	××年××月××日	
2	……	
……		

备注:

(1)租金支付方式:按季等额支付。

(2)所有租金及其他应支付款项应当支付至出租人如下银行账号:

户名:A 金融租赁有限公司

开户行:××银行××支行

开户行地址:××市××区××

人民币账号:×××××××××××

本《租金支付表》是"编号××××××××"《融资租赁合同》不可分割的有效组成部分。

融资租赁合同附件 15-3：

租赁物接收确认单

编号：×××××××号

A 金融租赁有限公司：

根据××年××月××日贵司作为出租人与承租人 B 股份有限公司签订的"×××××××号"《融资租赁合同》(以下简称《融资租赁合同》)以及贵司作为买方与承租人 B 股份有限公司、出卖人 C 有限责任公司签订的《租赁物买卖合同》(以下简称《买卖合同》)的约定，承租人确认如下：

承租人已经完好无损地收妥《融资租赁合同》附件一"×××××××号"《设备清单》项下贵司拥有完全所有权的全部租赁物，租赁物的数量、配置、外包装与《融资租赁合同》及《买卖合同》的约定相符，并能按照约定的用途使用。特此通知。

本《租赁物接收确认单》是"编号：×××××××号"《融资租赁合同》不可分割的有效附件。

确认人：B 股份有限公司

（公　章）

法定代表人（或授权代表）签字：

年　　月　　日

融资租赁合同附件 15—4：

租赁物所有权转让函

编号:××××××号

B 股份有限公司：

根据贵我双方于××年××月××日签订的"××××××号"《融资租赁合同》(以下简称《融资租赁合同》)的约定,由于贵司已将《融资租赁合同》项下的全部义务和责任履行完毕,我司同意按《融资租赁合同》第十二条"租赁期满后租赁物的处理"的约定,将《融资租赁合同》项下的租赁物所有权转移至贵司名下。

A 金融租赁有限公司

(公　章)

年　　月　　日

融资租赁合同附件 15-5：

融资租赁担保合同

债权人或甲方：A 金融租赁有限公司

保证人或乙方：C 有限公司

第一条　被担保的主债权

1.1　被担保的主债权为甲方依据其与 B 股份有限公司(以下简称"债务人") 于 2010 年×月×日签订的合同编号为"××××××××"《融资租赁合同》(见附件十三)(以下简称"主合同")而享有的对债务人的债权。

1.2　主债权的金额和期限依主合同之约定。

第二条　保证担保的范围

乙方保证担保的范围为主合同项下的全部租金、各项费用、违约金、损害赔偿金以及实现债权的费用(包括但不限于诉讼费、律师费等)。

第三条　保证方式

乙方承担保证责任的方式为连带责任保证。

第四条　保证期间

4.1　保证人的保证期间为 2 年,自主合同约定的债务人履行债务期限届满之次日起算;主合同约定分期履行的,保证期间从最后一期履行期限届满之日起计算。

4.2　如发生法律、行政法规规定或主合同约定的事项,导致主合同债务被甲方宣布提前到期的,保证期间自主合同债务提前到期之次日起 2 年;主合同约定分期履行的,保证期间从最后一期履行期限届满之日起计算。

4.3　甲方与债务人双方协议对主合同的履行期限作了变动,未经乙方书面同意的,保证期间仍为 4.1 款约定的期间。

第五条　乙方承诺

5.1 乙方保证在债务人未履行到期债务时，能够及时代为向甲方偿还其尚未获得清偿的剩余款项。

5.2 甲方主债权存在物的担保的，不论该物的担保是由债务人提供还是由第三人提供，甲方有权要求乙方先承担保证责任，乙方承诺不因此而提出抗辩。甲方放弃、变更或丧失其他担保权益的，乙方的保证责任仍持续有效，不因此而无效或减免。

5.3 发生下列情形之一的，无需经乙方同意，乙方继续按照本合同的约定承担保证责任：

A.甲方与债务人协商变更主合同，未加重债务人的债务或履行期限的；

B.因主合同采用浮动利率而导致租金发生变更的；

C.甲方将主债权转让给第三人的。

5.4 乙方如发生合并、分立、解散或破产等重大变更，应及时通知甲方。

附件十六：融资租赁常用英文词汇（按拼音顺序）

A

案例 project example, story

安全港租赁 safe-harbor lease

按照约定 as agreed

安装 installation

B

包揽租赁 wrap lease

报关 custom entry

保管费 custody fee

保管合同 deposit contract

保管凭证 deposit receipt

保管人（保管合同）depositary

保管人（仓储合同）warehouseman

保税区 trade free zone

保险 insurance

保险单 policy

保险费 insurance premiums

保险索赔 claim

保险理赔 settling

保险，由 A 投保 insurance to be effected by A

保险由买方自理 insurance to be effected by the Buyers

保险赔偿金 insurance indemnity

保险人(保险公司、承保人)insurer

(被)保险人 insured, insurant

保证期 warranty period

报告格式 reporting format

报酬 remuneration

备抵法 allowance methods

被撤销的合同 rescinded contract

背书 endorsement

背书人 endorser

必要的准备时间 the necessary preparation time

闭口租赁 closed-end lease

币种 currency

变现 liquidate

变更 modify,modification,amend

标的物 subject matter

表外 off balance sheet

表外融资 off balance sheet financing

表外租赁 off balance sheet lease

表外贷款 off balance sheet loan

不可撤销信用证 irrevocable letter of credit

不完整租赁 broken lease

不正当 improper

簿记系统 bookkeeping system

补救措施 remedy

C

裁定(法) award

财产 property

财产保险 insurance of property

财务报表 financial statement

财务报告 financial report

财务费用 finance expense

财务会计 financial accounting

财务公司 Capital company

财务收入 finance income

财务年度 fiscal year

财务状况 financial position

财政部 Ministry of Finance

阐明 elucidate

残值 residual value

仓单 warehouse receipt

仓储费 warehousing charge

仓储合同 warehousing contract

仓储物 stored goods

常规融资租赁 conventional finance lease

长期负债 long-term liabilities

长期借款 long-term debts

长期投资 long-term investments

长期应付款 long-term payables

长期资产 long-term assets

超越权限 ultra vires

城市建设附加费 city development surcharge

承包人 contractor

承担损害赔偿责任 to be liable for damages

承担违约责任 to be liable for breach of contract

承担责任 be liable therefor

承诺函 commitment letter

承租人 lessee

承揽合同 contract for work

承揽人 contractor

承诺 acceptance

成功的案例 successful story

成本会计 cost accounting

撤回 withdrawn

撤销 revoke, rescind

抽逃资金 surreptitiously withdrawn funds

除当事人另有约定的以外 unless parties have agreed otherwise

除法律另有规定外 unless the law provides otherwise

处分 disposal

出让人 transferor

出租 rental

出租人 lessor

催告 remind

存货人 bailor

充分披露原则 full disclosure principle

存货 inventory

存货盘亏 inventories loss

D

打包租赁 bundled lease

代理人 agent

贷款人 lender

（借款人）（borrower）

贷记 credit

担保 security

担保法 security law

道德义务 moral duty

到期利息 interest due

到期债权 matured claim

等额租金 level payment

第一承运人 first carrier

递变租金 stepped rent

递变租金租赁 stepped payment lease

递减租赁 step-down lease

递延资产 deferred assets

递增租赁 step-up lease

抵押担保 encumbrance

调查 survey

调查对象 respondent

定金 deposit

定作人 customer

定价风险 pricing risk

董事会 board of directors

独资企业 single proprietorship

短期租赁 short-term lease

对承租人的好处 benefits to lessee

对出租人的好处 benefits to lessor

E

额定股份 authorized shares of stock

额度 quota

恶意串通 malicious conspiracy

二级市场 secondhand market

F

法定代表人 legal representative

法定代理人 statutory agent

法定地址 legal address

法律地位平等 equal legal status

法律问题 legal issue

法律约束力 legally binding

法人 fictitious person

发行债券 issuance of bonds

发包人 employer

防洪基金 flood prevention surcharge

妨碍租赁的原因 objections to leasing

放弃 migration away from, waive

非法干预 illegally intervene therein

非法目的 illegal objective

非正式出租人 casual lessor

非赢利组织会计 non-for-profit accounting

废止 to be repealed

费用 expenses

分类账户 ledger account

分包 subcontract

分配 distribution

风险 risk

风险租赁 venture lease

法律风险 legal risk

浮动利率 variable rate

浮动利率租赁 floating rate lease

服务租赁 service lease

复式记账法 double entry system

附加费 surcharge

附加税 surtax

付款 payment

付款条件 payment term

付款人 payer

负债 liabilities

负责人 responsible person

负债与股东权益之比 debt to net worth

附则 supplementary provisions

G

干预选择租赁物 interfer in the selection of the leased thing

杠杆租赁 leveraged lease

格式条款 standard clauses

根据违约情况 depending on the circumstances of the breach

供货人 supplier

购货日记账 purchase journal

工程勘察、设计、施工 project surveying, design, construction

(××日)公布 promulgated on …

公开、公平、公正 an open, fair and impartial manner

公允价值 fair value

公证 notarize

公共会计 public accounting

共同承揽人 joint constractors

固定资产 fixed assets

固定资产净值 net fixed assets

固定资产清理 fixed assets in liquidation

固定资产原价 fixed assets at cost

固定租金租赁 fixed payment lease

故意 willfully

故意隐瞒 deliberately concealed,willfully conceal

股份上市 initial public offering (IPO)

股利政策 divident policy

广告宣传费 advertising and promotion expenses

国家标准 State standard

国家工商行政管理局 State Administration for Industry and Commerce

国家计划委员会 State Planning Commission

国家进出口商品检验局 State Administration for Import and Export Commodity Inspection

国家经济贸易委员会 State Commission for Economic and Trade

国家外汇管理局 State Administration of Foreign Exchange (SAFE)

国家重大建设工程 major State construction project

国际会计准则委员会 International Accounting Standard Committee

国库券 treasury bill

过账记号 post referance

H

海关总署 Customs General Administration

海事法院 marine court

行业 industry

行业标准 industry standard

行业调查 survey of industry activity

合法权益 lawful rights and interests

合法形式 legal form

合理的方式 reasonable manner

合同的履行 performance of contract

合同的内容 the particulars of a contract

合同的效力 validity of contract

合同法 the contract law

合同书形式 form of a written instrument

和解 settlement

后进后出 last-in, last-out

坏账 bad debts, bad accounts

坏账准备 allowance for bad accounts

还款 repayment

汇兑损失 foreign currency exchange loss

汇率 exchange rate

汇率风险 exchange rate risk

毁损 damage

回租 lease back

或有出租人 casual lessor

或有负债 contingent liabilities

J

及时 in a timely manner

寄存人 depositor

继承人 heir

价目表 price list

价款 remuneration

监管 supervision

监督处理 supervision and handling

监护人 guardian

检验标准 the standard of inspection

检验方法 the method of inspection

检验证书 inspection certificate

减税 tax benefit

减税证明 tax slash certificate

交货, 交付 delivery

交付日 date of acceptance

交易规模 transaction size

交易习惯 usage of trade

教育附加费 education surcharge

结构：租金的构成方式将保证能获得一定的目标收益 structuring: the determination of a lease payment structure that will preserve a certain targeted yield.

结构化共享式租赁 structured participating lease (SPL)

结算条款 settlement clause

借款合同 loan contract

借款人 borrower

（贷款人）(lender)

解除 terminate

解决争议的方法 the method of dispute resolution

解释 constru

解约条件 conditions subsequent

金融租赁公司 financid leasing company

进口税 import duty

进入市场 entry markets

经常项目支付 current payment

经济合作和发展组织 Organization for Economic Co-operation and Development (OECD)

经济环境 economic environment

经营性租赁 operating lease

经营状况 business circumstances

谨慎原则 prudential norms

禁止或限制 prohibit or restrict

净收益 net earnings

净损失 net loss

居间合同 brokerage contract

居间活动 brokerage activity

居间人 broke

拒绝 rejection

K

开端 inception

开口租赁 open-end lease

看似租赁 see-through lease

抗辩 the defence

客观情况 objective circumstances

客观性原则 objectivity principle

可撤销租赁 cancellable lease

控股公司 holding company

口头合同 oral contract

扣押 attachment

跨国转租赁 cross border lease

会计 accounting

会计恒等式 accounting equation

会计科目表 chart of accounts

会计要素 accounting element

会计制度 accounting system

会计准则 accounting standard

宽限期 grace period

款项后付 payments in arrears

款项先付 payments in advance

框架协议 frame agreement

亏损 deficit

L

历史成本原则 historical cost principle

利差 spread

利率 interest rate

利息 interest

利息补偿 interest allowance

利息收入 interest earned

联邦租赁 federal leasing

联合承租人 co-lessee

联合租赁 joint venture lease

连带责任 joint and several liability

谅解备忘录 memorandum of understanding (MOU)

流动比率 current ratio

流动负债 current liabilities

流动资产 current assets

留成 retention

留购租赁 dollar buy-out lease

留置 lien

律师费 attorney fees and costs

律师意见书 opinions of counsel

履行地点 place of performance

履行方式 methods of performance

履行期限 the time limit for performance

M

买卖合同 purchase contract

买受人 buyer

卖主融资 vendor financing

卖主租赁 vendor leasing

卖主出租人 vendor lessor

媒介服务 intermediary service

免除 release ... from ...

免除或限制 exempt or limit

免责条款 exemption clause

免税 tax exemption

民事权利义务 civil rights and obligations

民事行为 civil acts

民事行为能力 the capacity for civil acts

名义利率 norminal interest rate

明细分类账 subsidiary ledger

明确 clearly indicate

没收 confiscate

目标收益 targeted yield

N

纳税记录 government tax fillings

内部收益率 internal rate of return / IRR

内容(细节) particulars

内容(目录) contents

年交易额 annual volume

O

欧元 Euro

P

拍卖程序 the auction procedures

拍卖公告 auction announcement

盘亏 loss on disposal

盘盈 income on disposal

赔偿金 compensation

赔偿损失 compensate for the loss

配比原则 matching principle

平等主体 equal party

评价规范 value disciplines

破产 bankruptcy

普通责任险 general liability insurance

Q

企业会计 private accounting

期满 expire

期末借方余额 ending debit balances

期末贷方余额 ending credit balances

期限届满 expiration of time limit

欺诈 fraud

起租日 lease commencement date

欠租 overdue repayment

其他规定 miscellaneous stipulations

起诉 suit is filed

强加 impose upon

签字或盖章 sign or seal

强制性规定 mandatory provisions

清楚明确 explicit

清理条款 clearance clause

清算组织 liquidation organization

请求 petition

取得,弄到 acquire

权责发生制 accrual basis of accounting

全支付租赁 full-payout lease

全维修租赁 full maintenance lease

全服务租赁 full service lease

全面履行 full perform

R

日记账 journal

融资条件 financial terms

融资租赁 finance lease

人民法院 People's Court

S

诉讼 suit

善意 bona fide

擅自 on his own authority

商品检验证书 commodity inspection certificate

商业广告 commercial advertisement

商业秘密 trade secrets

商业租赁 business lease

丧失商业信用 loss one's goodwill

(……日起)施行 effective as of ...

审判团 tribunal

审慎调查 due diligence

社会会计 social accounting

使用 usage

试用买卖 a sale on approval

试用期限 a period of time for approval

涉外合同 contract with a foreign element

生效条件 conditions precedent

失效 become void

市场价格 market price

实质性变更 materially alter

示范文本 model text

视为 to be deemed to be

渗透率 penetration rate

赊销 on credit

设备租赁 equipment leasing

生效 effectiveness

生效日 effective date

实际金额 actual amount

实际利率 effective interest rate

实收资本 pain-in capital

市场定位 market positioning

市场需求 market needs

收付实现制 cash basis of accounting

售后回租 sale-leaseback

受款人 payee

受让人 transferee

受托人 / 委托合同 mandatary

受赠人 donee

授权代表 authorized representative

收回租赁物 repossess leased thing

收入 revenues

收入利息比 times interest earned ratio

收入实现原则 revenue realization principle

收益表 income statement

收益风险 yield risk

手续费 charge

税后定价 after-tax pricing

税前所得 pre-tax income

税收风险 tax risk

税务会计 tax accounting

司法补救 judicial assistance

损坏 damage

损毁 destruction

损益表 profit and loss

损失赔偿受益人 loss payees

索赔 claim

所得税 income tax

所有权 ownership

所有者权益 owners' equity

所有者权益回报率 return on equity (ROE)

T

摊销 amortization

特种日记账 special journal

通用日记账 general journal

提前留购 early buyout option

提前终止 early termination

调解 conciliation

统计情况 statistical overview

铁道部 Ministry of Railways

同等效力(法) equally authentic

提出索赔 pursue claims against any one

提款 withdrawal

提款账户 drawing account

提前履行 early performance

调解书 settlement agreement

投资银行家 investment banker

推定 to be deemed to have been made

退出市场 exit markets

退休经费 pension expenses

拖欠 past due

W

委托人 mandator

X

信贷风险 credit risk

现金收入日记账 cash receipts journal

现金支出日记账 cash disbursements journal

销货日记账 sales journal

Y

一方不得将自己的意志强加给另一方 one party may not impose his will upon the other party

Z

赠与人 doner

资产风险 asset risk

总承包人 general contractor

参考文献

1. 史燕平:《融资租赁原理及实务》,对外经贸大学出版社,2005 年。

2. 程跃东:《融资租赁风险管理》,中国金融出版社,2006 年。

3. 李鲁阳、张雪松:《融资租赁的监管》,当代中国出版社,2007 年。

4. 高圣平、乐沸涛:《融资租赁登记与取回权》,当代中国出版社, 2007 年。

5. 郝昭成、高世星:《融资租赁的税收》,当代中国出版社,2007 年。

6. 姜仲勤:《融资租赁在中国问题与解答》(第二版),当代中国出版社, 2008 年。

7. 张宇锋:《融资租赁实务指南》,法律出版社,2008 年。

8. 谭向东:《基础设施融资租赁(实务):经营城市的重要金融手段》, 中信出版社,2011 年。

9. 谭向东:《飞机租赁实务(修订版)》,中信出版社,2012 年。

10. 《中级会计实务》,经济科学出版社,2009 年。

11. 姜荣春:《融资租赁业的国际趋势与中国实践》,《银行家》,2009 年第 2 期。

12. 秦国勇:《融资租赁法律实务》,法律出版社,2011 年。

13. 张巨光、沙泉:《工程机械融资租赁实务和风险管理》,机械工业 出版社,2011 年。

14. 张家慧:《融资租赁保理模式案例分析——以中国农业银行"银 赁通"业务为例》,《时代金融》,2011 年第 9 期。

15. 刘亚琼等:《融资租赁内含利率计算之外推法》,《财会月刊》, 2011 年第 7 期。

16.《2010 年中国融资租赁业发展报告》。

17.《2011 年中国融资租赁业发展报告》。

18.《2012 年中国融资租赁业发展报告》。

19.《2013 年中国融资租赁业发展报告》。

20.《2014 年中国融资租赁业发展报告》。

21.《2015 年中国融资租赁业发展报告》。

22.《Global Leasing Report(2015)》。